세상 너머의 세상

신과 인간 그리고 진리에 관한 이야기

참출판사

세상 너머의 세상

우 명 지음

1판 1쇄 발행	2003. 9. 20.
1판 5쇄 발행	2003. 12. 29.
2판 1쇄 발행	2004. 7. 14
2판 2쇄 발행	2004. 10. 3
3판 1쇄 발행	2005. 5. 8.
3판 11쇄 발행	2020. 6. 20.
발행처	참출판사
발행인	최창희
등록번호	제13-1147호
등록일자	2000. 12. 29.

서울시 마포구 성미산로3길 67 우편번호 03969
편집부 02)326-5210 | 영업부 02)326-5209 | FAX 02)325-1569
chambooks@chambooks.co.kr

ISBN 89-87523-16-0 03100

세상 너머의 세상

우명 지음

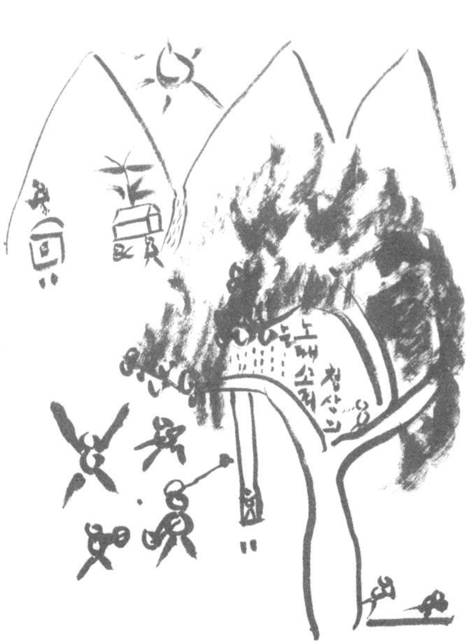

우 명 禹明

경북 의성에서 태어나다.
삶의 갖가지 역경을 거치며 삶에 대한 깊은 성찰을 하면서
진리에 대한 마음의 눈을 뜨다.
교육출판사업과 입시학원 원장을 하면서 구도에 힘써오다가
병자년 1월 초 완전한 진리를 이루다.
진리이어서 진리를 가르쳐야 하는 운명임을 알아
1996년 마음수련을 창시하여
마음과 진리에 대한 일깨움의 대중화에 힘쓰다.

저서로 <이 세상 살지 말고 영원한 행복의 나라 가서 살자>
<진짜가 되는 곳이 진짜다> <살아서 하늘사람 되는 방법>
<하늘이 낸 세상 구원의 공식> <영원히 살아 있는 세상>
<하늘의 소리로 듣는 지혜의 서> 시집 <마음> <순리> <참세상>이 있다.
특히 <이 세상 살지 말고 영원한 행복의 나라 가서 살자>의 영역본은
'아마존닷컴'에서 주간 종합 베스트셀러 1위를 기록하였으며,
5개 국제도서상 2013 LNBA, IBA, NIEA, IPPY, eLit Awards
철학, 정신 분야에서 최고 영예인 금메달을 수상했다.
또한 <진짜가 되는 곳이 진짜다>의 영역본은 2014 에릭 호퍼 어워드
몽테뉴 메달과 2014 NIEA 철학 부문 금메달을 수상했다.
우 명 선생의 저서들은 영어, 스페인어, 포르투갈어, 이탈리아어, 프랑스어,
스웨덴어, 헝가리어, 일본어, 중국어 등 세계 여러 언어로 번역, 출간되고 있다.

삽화
표지와 본문 삽화는 우 명 선생의 그림 <세상 너머의 세상>의 부분이다.

세상 너머의 세상

나가 없으니 참나가 있구나
이 세상 없으니 참 저 세상 있구나
세상 너머의 세상이란
나가 없고 이 세상이 없으면 있는 세상이라
나의 마음이 가장 높고 가장 넓고 가장 클 때
가지는 세상이 참 세상이라
신의 세상이라
하나인 세상이라
영원불멸의 세상이라
고통 짐이 없는 세상이라
자유라 해탈의 세상이라
모두가 하나로 사는 세상이라

1 세상 너머의 세상

신과 인간 그리고 진리에 관한 이야기

서문

2002년 나는 유엔 본부 총회에서 총회 의장을 만나 세계의 평화에 대해 대화를 나눌 기회가 있었다. 당시 나는 온갖 분쟁을 평화적으로 해결하는 가장 근본적인 대안으로, 사람의 마음을 닦아 진리인 하나로 되게 하여 세계의 나라가 하나가 되고 사람이 흑백황이 없이 하나로 살 수 있는 대안은 정신을 진리의 정신으로 바꾸는 길이라고 얘기를 했다.

사람의 생각은 사람마다 모두가 각각이어서 자기의 관점에 맞는 것이 맞다고 생각하고 산다.

나는 어릴 때 나만 잘살면 무슨 의미가 있나, 가난한 주위 사람을 두고는 결코 행복하지 않을 것이라고 생각해 왔으나 각박한 세상살이에 나도 제대로 살기가 힘들어 그 생각을 잊고 살았다.

인생 살다가 보니 이런 일 저런 일에 고통과 무거운 짐을 지고 있어 대자유의 길은 없을까 많은 종교 서적을 읽은 적이 있다.

나 속에 부처님 하나님이 있다고 알고 마음 닦아 참나를 찾는 것이 바르다고 생각을 하게 되어 진리를 알게 되었다.

나는 세상살이하던 것을 팽개치고 마음수련법을 창시하여 사람에게 그 법을 가르쳐왔다.

인간이 영원히 풀지 못했던 진리인 신이 되는 방법을 널리 알리는 것이 우주 한때에 내가 해야 할 일인 것 같다. 미국에서 많은 종교 지도자, 신학자, 철학자들을 상대로 한 강의 내용과 그들이 질문한 의문의 일체를 이 책을 통하여 적어본다.

2003년 7월 워싱턴에서
우 명

1장
세상 너머의 세상

신과 인간 그리고 진리에 관한 이야기

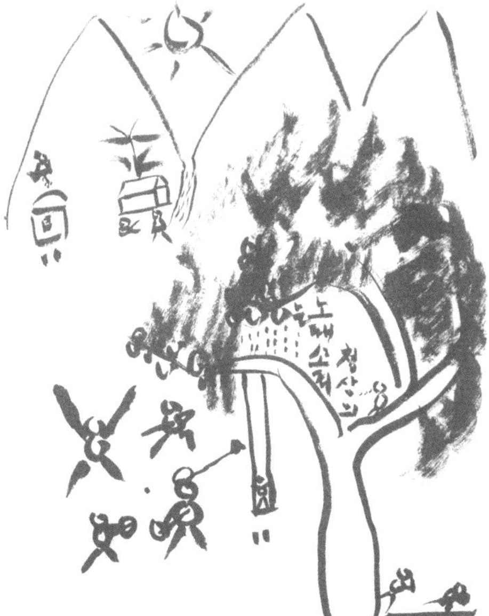

인간 완성 시대

인간이 완성되는 것은 사람이 자기의 죄업을 벗고 신의 자식으로 다시 나는 것이다. 자기라는 개체의 관념과 관습을 벗어던지고 전체의, 우주의 대신(大神)인 하나님 부처님으로 다시 난 자가 신인합일자요, 신의 자식이라. 인간이 참인 진리의 자식이라. 참이라 바로 보고 듣고 하여 바로 사니 이것이 인간 완성이고 완성이란 다 이룸이라. 다 이루었다고 하는 것은 영원불변의 진리가 되었다는 것이라.

영원불변의 진리가 된 자는 자기의 속에 하나님 부처님의 나라가 있고 그 하나님 부처님 자체이고 개체 전체가 그냥 그대로 진리 자체라. 있는 일체가 살고 이 땅과 이 세상이, 자기가 몸 없어져도 그 자체를 모두 가지고 그 자체로 개체인 자기라. 이 땅이 천극락 되어 죽어도 죽음이 없이 생사일여 극락 살고 영생천국 산다. 이 땅이 천극락인 자가 완성자라.

인간 완성자는 이 세상과 저 세상이 둘이 아니고 그냥 하나라. 그냥 살고 시비분별이 없고 삶 살되 삶 속 있지 않고 나가 없어 자유라. 나가 없어 해탈이라. 나가 없어 죄가 없고 나가 없어 업이 없고 그대로인 완전한 나라에서 영원히 사는 것이 완성자라. 나가 없어 고통이 없고, 나가 없어 대휴를 하고 살고, 나가 없어 일체의 마음은 없으나 일체가 있어 하늘나라에 복 쌓고 사는 사람이 완성자라. 개체인, 집착인 마음이 없어 모두가 하나가 되고 모두를 안을 수 있는 큰 마음이 되어 남을 위해 사는 것이라.

모두가 하나가 되니, 우리로 사니 우리이고, 너 나가 없고 나보다 남이 우선이 되고 우리나라가 전 세계가 되어 모두가 지상천국이 되는 때가 바로 지금이라. 인간 완성 시대라.

영생천국이란

흔히들 사람들은 영생천국을 죽어서 간다고 생각하고 말하고 있다. 모든 종교의 궁극적인 목표가 죽어서 영원히 천국에서 살기를 바라고 또 그렇게 믿는 이도 많다. 만고불변의 우주의 진리는 우주 이전 자리인 허공이라는 낱말 이전의 허공이다. 이 자체가 하나님 부처님이다. 이 자체가 삼라만상을 다 내고 또 그곳으로 거두어가는 것을 누구나 알 수가 있다. 그 자체가 진리일진대 그 속에서 나온 일체도 진리의 자식이라 그것 또한 진리라.

사람의 의식이 무한대의 우주 이전으로 간 자에게만 영생이 있고 천국이 있는 것이라. 하나님 부처님과 하나가 되어 다시 난 자라. 그 자체는 그냥 진리라. 개체 전체가 없고 그냥 하나 자체라. 그 속에는 일체가 다 살아 있고, 없는 것이 없고 신이 살아 있듯 만상이 진리 자체라. 그냥 일체가 살아 있다.

신은 원래 우주를 완전하게 창조하였다. 완전하다는 것은 살게 하였다는 것이라. 완전함은 진리고 신이라. 진리고 신은 살아 있고 산다는 것이라.

우주 전체의 입장에서 보면 일체가 영원히 살아 있고 천극락이나, 자기 속 있는 자는 그 망념이 실이 아니라 죽음 자체라 무덤이라. 천극락이 자기 속에 있다고 하는 것은 자기가 죽어서 무한대 우주로 다시 난 자가 자기 속에 천극락이 있는 것이라. 산다는 것도 의식이 있어 살고 의식이란 신이라. 신은 사물을 판단 시비 분별하고 아는 것이 신이라. 일체 영원히 산 나라가 천국이고 하나님 부처님과 하나가 된 가장 지고하고 가장 큰 나라가 영생천국 나라라.

모든 종교는 참회 회개인 죄사함하면 완성이 되는가

종교라는 것은 가르침을 따르는 것이다. 이때까지의 종교는 진리의 말을 전하여 가르쳐왔다. 죄를 사하면 진리 자체가 되니 진리를 이야기로만 듣던 것이 이제는 나가 그 자체가 되는 것이라. 그 자체인 완전함이 되니 이 종교 저 종교가 없고 결과는 모두가 하나가 된다. 말만 듣던 자가 진리가 되니, 죄사함하면 모든 종교의 궁극적인 것이 다 이루어진다.

성인이란

자기가 없고 진리인 하나님 부처님과 하나가 된 자가 성인(聖人)이라.

하나님 부처님의 원래의 실상은 없으나 이 우주의 일체는 하나님 부처님 아닌 것이 없고 일체는 그 자체이나 인간이 그 자체가 되지 못하는 것은 자기의 죄업으로 자기 속 살아서라. 자기 속 살아 죽은 자가 무덤에 갇혔다가 다시 부활한 자가 성인이라.

이제는 모두가 성인인 전인(全人)이 되는 시대라. 성인은 자기가 다 죽고 살아 있는 진리가 된 자라.

마음이 무엇인가

마음은 참마음과 거짓마음으로 나눌 수 있다. 참마음은 진리인 부처님, 하나님, 본성, 하느님, 한얼님인 우주 이전 자리가 우리의 참마음이고 거짓마음은 우리가 살아왔던 산 삶인, 기억된 생각이고 그 기억을 담고 있는 이 몸이 거짓마음이라.

마음 닦는 방법

허된 거짓마음이 있어 마음을 닦으라는 말이 있다. 마음수련 첫 단계에서는 자기의 산 삶의 일체를 버려, 나가 하나님 부처님 자체의 우주임을 깨친다. 깨친다는 것은 하나님의 기도 응답을 듣는 것과 하나다.

둘째 단계에서는 내 아상의 일체를 벗어버려 나 속에 마음이 없어 안팎이 하나가 되어 우주와 하나 됨을 깨친다. 나 속에 마귀가 다 쫓겨나갔다는 것을 아는 것이다.

셋째 단계는 이 몸을 죽여 버리다 보면 나 속에 우주가 있음을 아는 것이다.

넷째 단계는 우주의 몸 마음을 보는 것이다. 이것은 정과 신이고 보신불 법신불이고 성령 성부라.

다섯째 단계는 우주의 몸 마음 그 자체가 되는 것이고 천상천하유아독존을 깨친다. 나가 다 죽어 일신이신 하나님 부처님으로 다시 나서, 여섯 번째는 영생천국을 깨친다.

일곱 번째는 나가 다 죽어 우주 그 자체가 되어 다시 태어나서 여덟 번째는 우주인 천극락의 삶 산다. 이 땅이 천국이요, 이 땅이 불국토가 되어 사는 것이라. 이 모든 것도 하나님의 기도 응답을 들어야 하는 것이라. 깨쳐야 하는 것이라.

재림예수와 휴거란

재림예수는 다시 예수님이 오신다는 뜻이라. 예수님은 이천 년 전의 그 모습의 예수님이 아닌 아브라함 이전에 계신, 살아 계신 주 그리스도인 하나님이라. 그 하나님으로 다시 난 자가 재림예수라.

하늘에서 온다는 것도 사람의 의식이 가장 높고 가장 넓은 하나님 자체가 된 자가 온 것을 말하며, 그것이 재림예수가 온 것이라. 휴거도 하늘나라 올라가는 것이 아닌, 의식이 가장 높고 가장 넓은 하늘 그 자체가 된 자가 하늘나라 간 자라. 하늘나라는 가고 오고 하는 것이 아니라. 사람의 의식이 하나님 부처님과 하나가 되어 진리로 난 자가 휴거가 된 자고 하늘에서 온 자라.

기도란

기도란 하나님 부처님 한얼님과 하나가 되기 위하여 하는 것이다. 하나가 되기 위해서는 더러운 마음을 닦아야 한다. 이것이 죄사함이다.

죄란

인간의 죄란 원죄와 자범죄라.

원죄란 나가 태어나면서 가진 죄이다. 이 죄는 아담과 이브가 선악과를 따먹고부터 있게 되었다. 선악과라는 나무가 있음 아니고 선이다 악이다 분별하고부터 이것이 죄라고 내 마음속에 새기어 이것을 따먹었다고 표현한 것이다. 아담과 이브가 죄인이어서 자식을 낳으면 죄인인 마귀를 낳으니 지금의 나도 죄인인 마귀다. 이것이 원죄이고 유전 죄이다. 자범죄는 나가 마귀인 죄인으로 나서 산 삶이다. 산 삶을 없애고 나를 없애고 다 바치면 하나님 자식으로 나고 영생천국 난다.

부처님 하나님을 믿음이란

하나님을 믿는다는 것은 진리를 믿는다는 것이라. 진리를 믿는다는 것은 바름인 참을 믿는다는 뜻이라. 참을 믿는다는 것은 참이 된다는 뜻이라. 참이 된다는 뜻은 완성이 된다는 뜻이라. 예수를 믿는다는 뜻은 예수가 된다는 뜻이라. 예수가 된 자는 예수를 믿고 입으로 대답하는 것이라. 이 말은 진리가 나 속에 있구나 이렇게 입으로 대답한 자가 천국 갈 수가 있다는 말이라.

천국은 진리이신 예수가 되지 않은 자는 갈 수가 없는 것이라. 지금 기독교의 잘못은 이천 년 전에 돌아가신 예수님을 믿고 살아서 계신 주 그리스도인 하나님이신 예수님을 믿지 않는 것이라. 또 죄사함을 하지 않고 있는 것이 잘못이라.

믿음은 하나가 되는 것이고 하나가 되려면 죄사함의 기도를 하여야 모두가 영생천국에 갈 수가 있다.

기도하여 하나님의 음성을 듣는 방법

기도란 하나님과 하나가 되기 위하여 하는 것이며, 하나가 되는 것이라. 하나님과 하나가 되기 위해서는 죄사함을 해야 한다. 원죄와 자범죄를 사하면 하나님과 하나가 될 수 있다. 또 죄사함한 만큼 하나님의 음성을 들을 수 있는 것이라. 참 죄사함하는 자는 하나님의 음성을 듣는다. 영생천국 살아서 난다고 하나님이 응답할 때 나는 것이라.

견성이 성불인가

견성과 성불은 다른 것이라. 견성은 진리의 자리를 보는 것이고 성불은 그 자체가 되는 것이라. 견성자와 성불자의 차이는 하늘땅 차이라. 그 자체가 되어야 영생천국을 가질 수 있다.

깨달음과 부처님 하나님의 음성을 듣는 것은 하나다

깨달는다는 것은 나 속의 마음이 아는 것이라. 나 속의 마음이 아는 것은 그 마음이 참이라, 하나님 부처님 자체라, 그 자체가 아는 것이니 하나님 부처님에게 음성을 듣는 것이라.

죄사함과 마음 닦는 것은

죄사함이란 원죄와 자범죄가 죄라, 나의 산 삶과 죄지은 몸을 없애면 죄사함을 다하는 것이라. 나 속의 진리이신 하나님 부처님만이 죄를 사해줄 수가 있는 것이라. 그 죄가 더러운 마음이라. 더러운 마음이 죄라. 똑같은 말이라.

도, 진리, 하나님, 한얼님, 하느님, 부처님, 알라는

도, 진리, 하나님, 한얼님, 하느님, 부처님, 알라는 우주 이전 자리인 우주라. 우주의 허공은 진리라. 그 자체는 영원불변하는 것이라. 모두가 그 자리에 있는 것을 보고 한 말이라. 우주의 몸과 마음을 이름하여 정과 신이라 하였고 보신불 법신불이라 하였고 성령 성부라 하였다. 이 우주는 거대한 영과 혼으로 되어 있다. 그것의 이름이다.

도통과 거듭남은 하나다

도통과 거듭남은 하나다. 도는 진리인 우주의 대영혼이다. 이 대영혼으로 다시 나는 자가 도통자요, 거듭난 자라. 신의 아들이라. 영생천국 난 자라.

인류 미래의 삶

인류 미래의 삶은 그야말로 지상천국이라. 지상천국이란 이 땅이 순리의 삶을 살기에 모두가 자유요, 모두가 해탈이고 모두가 자기 없어 남을 위하여 삶을 살고 남이 잘되는 것을 기뻐하고 모두가 하나라.

악한 마음이 없는 고로 모두가 착하여 도둑이 없고 죽고 살고가 하나임을 알아 통곡하지 않고 해원상생하여 살고 지혜가 높아 과학이 고도로 발전하여 사람의 삶은 웃음이 끊이지 않고 모두가 자기가 없고 먹고사는 것이 평등하여 모두가 잘 사는 지상낙원이다. 이 몸이 없어져도 그대로 사는 이치 알아 모든 사람이 장례식도 웃는 장례하고 그야말로 극락이라. 사람이 죄사함하여 사니 남과 나가 하나인 우리의 나라가 건설되어 법이 없어도 순리의 삶을 살아간다.

수용이 세상에서 가장 위대하다

내 것만 맞다고 우기는 자는 그 마음이 좁아서라. 내 종교만 맞다고 하는 이는 그 종교에 매여 큰 것을 못 보니 역시 그 마음이 좁은 것이라. 큰 마음은 일체를 다 수용하는 것이라. 가장 큰 것이라야 수용이 된다.

예수님의 말씀에 범사에 감사하라는 말씀은 긍정적으로 생각하라는 말이라. 긍정적으로 생각하는 자는 뜻을 이룰 수가 있는 것이라. 세상살이도 부정적인 자는 뜻 이루지 못하는 것이라. 이것저것을 다 수용하는 것이 가장 큰 마음이고 걸림이 없어 일체를 다 이룰 수 있는 것이라. 마음을 비우는 것이 수용하기 위한 가장 좋은 방법이며 비운 만큼 수용할 수 있다.

일체가 하나다

이 거대한 우주 이전의 하나님께서는 천지를 창조할 때 완성되게 하였다. 완성이란 일체가 진리 자체여서 일체가 모두 사는 것이라. 일체는 하나님과 그냥 하나다. 그 자체는 진리이고 영원불변하여 죽음이 없어 그냥 하나다. 그대로가 진리요, 그대로가 천극락이라. 하나여서 모두가 살고 하나여서 일체가 천극락이라.

천지창조란

이 천지는 신의 뜻에서 창조가 된 것이라. 신의 뜻은 일체가 없지만 굳이 말한다면 순리로 창조가 된 것이라. 이것이 있어 저것이 나고 자연의 조화로 만상이 나고 자연의 조화로 천지의 일체는 창조 아닌 창조의 이름을 붙이고 나서 있는 것이라. 성경에서 하나님은 말씀으로 창조하였다는 것도 말씀[Logos]이 근본 성품이라. 근본 성품은 신의 자리라. 신에 의해 창조가 되었다는 것이라.

거듭남의 비밀

거듭난다는 것은 신으로 다시 난다는 뜻이라. 인간이 신으로 나려면 죄를 사해야 한다. 죄를 다 사하고 신 자체가 되어 영생천국에 난 자가 완전히 거듭난 자라.

거듭남의 비밀은 자기가 없고 신으로 나는 것이라. 그 비밀의 열쇠는 죄사함이라.

죄를 사한 자가 거듭날 수 있다. 그 죄를 다 사했다는 것을 신이 인정할 때 참 거듭남이라.

대자유와 대해탈이란

자유는 나가 없고 신 된 자가 자유라. 대해탈도 나가 없고 신 된 자가 대해탈이라. 망념의 자기로부터 완전히 벗어나 일신인 그 자체가 된 자가 대자유고 대해탈이라.

천국의 삶이란

천국의 삶은 나가 없는 진리인 신의 삶이라. 신의 삶은 순리의 삶이고 자유의 삶이고 해탈의 삶이고 사차원의 세계라. 그 나라는 없는 것이 없어 부족함이 없고 그야말로 천국이라. 모두가 크게 쉬고 그냥 사는 나라라.

인과응보란

유정의 일체는 인(因)이 있어 과(果)가 있는 것이라. 인은 응보받는 조건이라. 조건이 있어 응보가 있다.

돈이 없는 자는 열심히 일하면 돈이 있게 된다. 인은 열심히 일하는 것이고 응보는 돈이라. 인과응보로부터 벗어나는 것은 조건인 인이 없으면 응보가 없는 것이라. 마음 닦은 자는 인과응보로부터 벗어난다는 말은 그 속에 있지 않아서 하는 말이라.

마음이 착하다는 뜻은

마음이 착하다는 뜻은 참마음이 그 사람 속에 임했다는 말이다. 마음이 착해야 된다는 뜻은 그 참마음을 가져야 한다는 뜻이라. 착하다는 것은 참 가진 자가 착한 자라. 예수님도 '의인이 세상에는 한 사람도 없다'고 한 것은 참마음 가진 자가 세상에 없다는 말씀이라. 착하다는 것은 정신 차리라는 것과 같은 말이다. 잘났다, 잘생겼다도 같은 말이다.

하나님 부처님을 만나는 방법

사람들은 지혜가 없어 부처님과 하나님을 만나지 못하누나. 지혜란 진리를 아는 것이라. 진리는 신이라. 신 된 자가 지혜가 있는 것이라. 마음에 있는 때를 벗기면 참마음이 나타나는 법이라. 참마음이 부처님 하나님이라.

기도의 응답이란

사람들은 기도처에서 부처님 하나님을 찾고 있으나 망념의 자기가 있는 자는 그 망념의 소리를 듣고 응답을 들었다 기뻐한다. 시간이 지나 보면 그 소리는 자기 욕심의 망념인 귀신의 소리임을 안다.

참 기도는 나 속의 망념을 버려 하나님 부처님이 드러날 때 응답을 들을 수가 있는 것이라. 나 속의 하나님 부처님이 응답을 해주는 이치는 그 망념이 없는 만큼 하나님 부처님이 드러나 말씀을 해주는 것이라.

번뇌란

무지한 자가 번뇌를 가지고 있는 것이라. 무지하다는 것은 지혜가 없다는 것이라. 망념의 귀신을 속에 잔뜩 가지고 있으니 그 망념의 표상이 지금 번뇌하는 것이라. 자기의 산 삶의 경험으로 옳다 그르다, 모든 것을 자기 혼자 짓고 부수는 것이라. 지혜자는 번뇌가 일체 없고 그냥 대휴하며 산다.

'평상심이 도다'라는 뜻은

'평상심이 도다'라는 말의 뜻은 그냥 사는 것이 도라는 뜻이라. 항시 똑같은 마음으로 사는 것이 도라는 뜻이라. 스님들이 돌아가실 때 "스님 여여하십니까?"라고 질문하는 것은 지금 죽고 있는데 그전 마음이나 지금 마음이나 같으냐는 뜻이라.

참 평상심은 우주 자체인 신의 마음이라. 시비분별이 없고 죽음 삶이 없고 그냥 있는 공(空)의 마음이다. 그 마음은 변하지 않는 항시 그냥 있는 마음이다. 대우주심인 신이라. 신의 심(心)으로 되돌아간 자가 가지는 마음이라.

신의 아들이란

신 그 자체가 되어 다시 난 자가 신의 아들이라. 신의 아들은 신 자체라. 성부 성령 성자가 하나요, 보신불 법신불 화신불이 하나라. 완전한 신으로 되돌아가 난 자가 신의 아들이라. 신의 아들은 죽음이 없고 신 그 자체라. 완전함 그 자체라. 영생천국 살고 신의 뜻에 의하여 신이어서 사람을 살리고 남을 위해 사는 것이 신의 아들이라.

신의 정체

우주라는 낱말 이전의 사차원의 세계가 신의 나라다. 신은 우주 이전의 자리이고 우주를 창조하신 분이다. 일체 아무것도 없는 것이 신의 몸이요, 또 그 몸속에 일신으로 아니 계시는 곳이 없는 것이 신의 마음이다.

성경에 '나 여호와는 바람 위에 섰도다'라는 말은 신은 바람 이전에 계신다는 말이다. 우주라는 낱말 이전의 자리 그 자체가 신의 자리다. 우주를 창조하신 분이 신이고 삼라만상 일체는 신의 표상이다. 신은 하나이나 만상이 수십만 가지인 것은, 만상은 모두 같은 신의 표상이나 조건에 의해서 이것 저것으로 나왔음을 말한다.

도인의 삶이란

도인이라고 하면 많은 사람의 관념이 자기가 생각하는 나름대로의 상(像)이 있다. 미국에서 특별대담 프로에 출연하기 위해 방송국에 갈 때마다 방송 관계자들로부터 "도포 자락을 휘날리고 수염을 휘날리고 나이가 든 사람이 온다고 생각했는데 젊고 도인이라는 표시가 없다"는 말을 흔히 듣는다.

옛날 도인은 날아다니고 온갖 술(術)을 잘하고 남이 못하는 것을 행하여 잘났다는 칭찬을 받는 것이 도인이었다. 그런 도인의 고정관념을 갖고 마음수련회에 찾아온 자들 중에는 자기만 죽이고 버리라고 하니까 자기의 망념의 욕심에 맞지 않아 떠난 이가 많다.

도인은 만고의 진리인 하나님 부처님과 하나로 다시 난 자이다. 사람은 날개 없어 날지 못하듯 있는 대로가 진리이고 해탈되어 사는 자가 도인이라. 삶 죽음이 하나임을 알고 부처님 하나님으로 다시 나 천극락 가진 자가 도인이라.

그 상에는 도인이 없다. 도인은 도인이라야 알 수가 있다는 말은 사람의 의식이 낮은 자가 의식이 높은 자를 못 보고 자기의 입장에서 보기에 도인인 자라야 도인을 안다고 한 것이라. 신선도 사람 눈에 안 뛴다는 말은 신선은 사람이나 사람이 신선임을 모른다는 뜻이라.

참 도인의 삶은 사람을 살리고 남을 위해 행하고 살며, 그런 자가 참 도인이라.

인류의 마지막 대안

모두가 자기가 없고 전체인 진리로 거듭나서 하나가 되어 사는 것이 인류의 마지막 대안이자 사는 길이라. 너 나가 없고 너의 나라 나의 나라가 없이 하나로 살면 인류는 잘 살 수 있는 것이라. 모두가 자기 탓임을 알고 참 회개 참 참회 하여 남과 나가 하나 되어야 모두가 진리로 영원히 살 수가 있고 더 잘 살 수 있는 것이라. 모두가 나의 마음 탓으로 좋고 나쁘고가 있고 이것이다 저것이다가 있다. 진리의 마음으로 거듭나서 모든 것을 수용하면 인류는 잘 살 수 있는 것이라.

살아서 천국 나야 영생한다

사람 속에 천국이 있고 사람 속에 진리가 있어 사람이 살아서 그 진리가 되지 못한 자는 진리가 아닌 망념이라 죽고 말고 진리인 자가 진리라 산다. 천국도 살아서 가진 자가 가지고 있기에 사는 것이라. 천국이 없는 자는 지옥에 살아서 고통받고 죽음 그 자체라

삶과 죽음이 하나라

사람이 살아서 다 죽은 자는 살아 있는 하나님의 자식으로 다시 나서 그 영혼이 지금 몸 가진 것과 똑같아 몸을 헌 옷 벗어던지듯 던지고 그냥 사니 삶 죽음이 하나라. 살아 진리로 난 자는 죽지 않고 그냥 사는 것이라. 도통의 저단계에서는 죽으면 없다고 말하지만 이런 자는 무간지옥 가는 것이고 산 자는 그 의식이 살아 있어 이승 저승이 하나라. 삶과 죽음이 하나라.

믿음으로써 입으로 대답한다는 성경 말씀의 뜻은

지금의 종교는 믿기만 하면 천당 간다고 말하고 있다. 그러나 믿음의 바른 뜻을 사람들은 모른다. 믿음이란 하나가 되는 것이고 믿음은 그 자체가 되는 것이라.

예를 들면 예수를 믿는 자는 예수가 되어야 천국에 갈 수가 있는 것이라. 자기 속에 살아 계신 하나님인 예수가 있음을 입으로 시인하는 자가 천국 날 수 있는 것이라. 하나님이나 속 있다는 것을 나 속의 하나님으로부터 승인을 받은 자가 갈 수 있는 것이라. 자기 속 있는 자는 그 자체가 진리요, 진리라 영생하고 진리라 천국 가져 사는 것이라.

말로만 "예수를 믿습니까? 믿습니다"라고 하는 것으로는 천국 나지 못한다. 참 믿음은 예수님을 자기 속에 모셔 마음으로 모셔졌음을 수용하여 계심을 확인하는 것이고 또 입으로 대답하는 것이라.

'나는 길이요, 진리요, 생명이라. 나를 통하지 않고는 아무도 천국 가지 못한다'는 뜻은

하나의 자리가 우리가 갈 길이요, 그 자체가 진리요, 또 생명이라. 나 속에 우주 이전의 하나님을 모신 자는 천국 나서 산다. 알파요, 오메가인 하나님을 나 속 모신 자는 영생천국 나서 산다. 우리가 갈 길이 우주 이전의 하나님의 자리요, 그 자체가 진리요, 의식의 주인이라. 죽음 삶을 아는 신이라 생명인 것이라. 이 자체의 예수님의 참모습 자체가 되지 않는 자는 천국에 날 수가 없다는 뜻이라.

용서받지 못하는 죄는

인간의 죄는 원죄와 자범죄이나 그 죄를 사한 자는 신의 아들로 다시 나서 산다. 용서받지 못하는 죄는 참 예수님인 하나님을 믿지 않는 것이며 그런 자는 죽고 만다. 인간의 죄는 오로지 이 죄밖에 없는 것이라.

진리를 거부하니 진리이지 않아 죽고 마는 것이라. 진리를 믿지 않는 죄가 세상에서 가장 큰 죄이다. 죄인은 감옥에 갇힌 자와 똑같아 자유가 없고 자기 뜻대로 하지 못하여 죽어서도 지옥 사는 것이라. 지옥은 그 망념이 살아서 고통 짐 속에서 사니 그것 또한 참이 아니어서 죽음이라.

사람은 어디서 와서 왜 살고 어디로 가나

사람이 온 곳도 우주요, 사는 곳도 우주요, 갈 곳도 우주라. 왜 사느냐 하면 인간 완성되어 영원 영원히 천복락의 나라 천국 나서 살기 위해 산다. 삶의 의미 알아 그 자체인 진리로 다시 나서 인간 완성되면 하늘나라 간다.

마음을 비운 자와 비우지 않는 자의 차이는

성경에 '마음이 가난한 자는 복이 있나니 천국이 저희 것이요'라는 말씀이 있다. 마음이 가난하다는 것은 마음이 없다는 뜻이라. 사람의 마음은 가짐의 마음으로 가득 차 있어 천국에 가지 못한다.

마음을 비운 자는 영생천국 살아서 가는 것을 나 속 하나님께 승인받는다. 이 천지가 천극락 되어, 살아서 이 천국에 살고 몸이 없어져도 이 천국에 산다.

마음을 비우지 않는 자는 그 망념에 살며 그것은 진리가 아니고 실이 아니라 죽고 마는 것이라. 이 땅에 살 때도 그 짐으로 고통받고 죽어서도 지옥고를 받는다.

'회개하라, 하나님의 나라가 가까이 왔다'는 뜻은

회개란 자기의 자범죄인 산 삶과 원죄인 자기를 없애는 것이다. 다 없앤 자 하나님 나라 간다.

구원의 뜻은

이 세상 삼라만상이 하늘나라에는 그대로 있으나 사람이 자기의 죄 때문에 모두가 하늘나라 들지 못하니 하늘나라에 들게 함이 구원이라.

하나님이 천지의 만상을 낼 때 하나님인 완성된 진리 자체로 내었다. 천지만상이 진리의 자식이라. 진리가 진리 낳아서 다 살게 하였으나 사람이 죄로 죽어 그 죄를 사하는 것이 죄사함을 하는 마음수련이라.

한민족의 시조 단군신화

옛날에 곰족의 사람과 호랑이족의 사람 둘을 마늘과 쑥을 주어 백 일 동안 토굴에 두었다. 호랑이족은 백 일을 못 참고 뛰쳐나왔으나 곰족은 백 일을 채워 사람이 되어 환웅 할아버지와 결혼하여 단군을 낳았다는 이야기가 있다. 지금도 참사람이 되는 이 공부를 시켜보면 똑같다. 팔 단계까지 공부를 하는 사람은 곰 같은 사람만이 하는 것 같다. 호랑이 같은 사람은 날렵하고 재주가 많아 굶어가며 고통 짐을 지려고 하지 않는 것 같다.

누에도 먹을 만큼 먹어야 한 잠을 잔다. 네 잠까지 자는 데에는 시간이 필요하다. 또 먹을 만큼 먹고 섶에 올라 고치를 만든다. 고치 안의 번데기는 다 죽을 때 나방으로 부활하여 고치에서 나와서 알을 낳는 것이라. 이것과 도는 똑같다. 그냥 참는 자가 세상에서도 드문 것 같다.

왜 신인합일이 되어야 하나

신과 사람이 하나가 되는 날, 종교 사상 철학 학문의 일체가 개체의 망념의 생각에서 보던 것이 전체인 우주의 신의 입장에서 보니 달라지는 것이라. 이렇게 전체인 우주의 신의 입장에서 보고 행하고 사는 것이 참이고 바름이라.

미망에서 믿고 알던 것이 모두 거짓임이 밝혀지고 모두가 참 지혜 가지고 사니 어리석지 않다. 참으로 다시 나 하나가 되어 즐겁게 웃는 삶 사니 지상천국이 건설된다. 나보다는 남을 위해 사니 도둑과 강도가 없고 자유 중 자유로 삶을 산다.

인간이 완성되어 죽음이 없고 이 땅과 하늘나라가 둘이 아니고 그 자체로 영원히 사니 지상낙원이라.

부처님 하나님과의 대화

우리나라 말에 양심이라는 말이 있다. 사람은 참 양심 가진 자가 없다.

일체의 나를 버리고 천국 난 자는 부처님 하나님과 자유로이 대화를 할 수 있다. 나 속에 있는 하나님께 물으면 그 대답이 자유자재로 나오는 것이라. 누구나가 이 경지에 간 자는 자유자재로 대화가 가능한 것이라. 참 양심 자체가 하나님 부처님 그 자체인 것이라.

새 하늘 새 땅이란

새 하늘과 새 땅은 사람의 의식이 완전할 때 사람 속에 새 하늘 새 땅이 있는 것이라. 완전한 하나님은 완전하시어 원래의 우주를 창조하실 때 완전하게 하였다. 전체인 하나님의 입장에서 보면 원래 완전한 천국이요, 극락이나, 사람의 의식이 하나님과 하나가 되지 못하여 천국에 들지 못하니 천국이 있은들 무슨 소용이 있겠는가.

지금은 사람 속에 천국을 가질 수 있어 새 하늘 새 땅인 것이다. 그냥 있었던 천국이나, 사람이 그 속에 다시 나니 새 하늘이고 새 땅이라.

성경에 '하늘에서 이루어진 것같이 땅에서도 이루어지게 하소서'라는 말은 하늘에는 원래가 완전하여 일체가 진리라 다 살아 있고 일체가 영생극락이나 땅에는 사람이 죄업으로 다 죽어 있으니 하늘에 이루어진 것같이 땅에서도 이루어지게 해달라는 이야기라.

사람의 의식이 자기가 완전히 없으면 신인 하늘이 되어 영생하고 하늘나라에는 일체가 다 살아 있으니 그곳이 천국이라. 하나님을 위하여 죽는 자는 죽어도 죽지 않고 천국에 나서 사는 것이라. 다시 말하면 회개하여 죄사함하여 자기가 없는 자가 새 천국 새 땅 산다는 말이라.

산 자와 죽은 자

산 자라야 산 자를 알고 죽은 자는 산 자를 모른다. 또 산 자는 죽은 자가 죽어 있음을 아는 것이라.

의식이 완전함에 가까이 간 자는 의식이 죽어 있는 자를 아는 것이고, 그 사람의 의식이 완전하여 미완성인 것들을 볼 수가 있다는 이야기라. 신은 신이라야 신을 알 수가 있다는 이야기나 다를 바가 없는 것이라. 산 자는 천극락에 난 자가 산 자라.

감사하는 긍정적인 자가 진리로 거듭날 수가 있다

감사하고 긍정적인 자가 진리로 거듭날 수가 있다. 진리는 완전하고 가장 크고 가장 높으나 가장 좁고 가장 저급한 것이 인간이라 그 속에 지고한 진리를 가지게 하려니 여간 힘이 드는 게 아니다.

사람은 자기가 가진 마음만큼 진리를 담을 수 있음을 나는 많이 보아왔다.

여덟 단계의 첫 단계를 한 자는 그 마음이 그만하고 둘째 단계를 한 자는 그 마음이 그만한 것은 그릇의 한계인 것 같다. 증산선생은 못 앉을 자리에 앉아 있으면 신명이 끌어낸다고 말했다. 자기의 가짐의 몸에 거짓이 있으니 참과 거리가 멀어 신명인 참이 응하지 않고 거짓의 자기가 화합이 안 되니 신명이 끌어내는 것이라.

이루는 자의 공통점은 감사하는 자였다. 수용이 최상의 큰 그릇이요, 감사하는 긍정적인 마음이 수용하는 자라. 큰 그릇이어서 감사하는 자만이 신과 하나가 되는 것이라.

사람은 교만심에 첫 단계를 한 자는 그 단계의 이야기를 자기 잘나서 깨친 것으로 알아 이야기한다. 배운 곳에 감사하는 마음이 없어 그 사람은 그것밖에 가질 수가 없는 것이다. 감사하는 자와 곰인 자가 천극락에 갈 수가 있다.

참사랑, 참자비, 인(仁)인 대자연의 마음인 순리의 시대

대자연은 바람이 불고 비가 와도 말없이 그냥 있고 자연은 할 일을 그냥 하고 인간에게 필요한 일체를 다 해주어도 한 바 없이 그냥 하여준다. 왼손이 하는 것을 오른손이 모르도록 하라는 예수님의 말씀처럼, 했다는 그 마음이 없어야 한다. 대자연이신 하나님 부처님 마음으로 되돌아가면 그냥 하는 것이 참사랑이요, 그냥 하는 것이 참자비요, 그냥 하는 것이 참인이요, 저절로 되어지는 순리인 것이라. 순리의 시대라.

순리는 하나님 마음에서 행하는 것이 순리라. 누구나 완전함으로 다시 나서 순리로 사는 때라.

창조주란, 신이란

창조주가 신이고 신이 창조주라. 창조주는 우주의 이전 자리인 사차원의 세계에서 천지의 일체를 주관하고 계신다. 사람은 신이 인격화된 것으로 알고 있으나 신은 우주 이전 그 자체 무한대가 신의 본래 모습이다.

사람을 신의 형상을 닮게 하였다는 것은

성경에 보면 '사람을 신의 형상을 닮게 하였다'는 구절이 있다. 이것은 사람 속 마음이 신과 하나가 되게 하였다는 말이라. 이 우주에는 창조주 신이 안 계신 곳이 없고 우주 자체가 원래 신의 표상 그 자체라. 신과 하나가 된 자는 신의 나라에 산다. 신의 나라란 살아 있는 생명의 나라이고 에너지 근원〔source〕 그 자체라. 영원불변하는 곳이라.

듣는 일체가 그냥 있고 보는 대로 있는 대로가 진리다

사람들은 신의 나라가 임할 때 사람의 생각대로 이렇게 저렇게 하여 믿는 자만 천국에 살게 하는 줄 알고, 잘 먹고 잘 살기를 손꼽아 기다리고, 또 신이 되면 날아다니는 줄 아나 세상의 이치는 보는 대로 있는 대로가 진리라. 보는 대로란 이 세상의 일체가 있는 대로라는 뜻이다. 사람은 날개가 없어 날지 못하고 개도 소도 말도 날개가 없어 날지 못하는 것이 진리이다.

사람은 사람의 몸으로 영원히 살지 못하고 죽는 것이 진리고 죽은 자가 하늘에서 구름 타고 오지 않는 것이 진리라. 그렇게 오면 진리가 아니라. 구름 타고 온다는 말도 사람의 몸이 구름이라 몸 가지고 온다는 이야기이고 너희들 가운데서 하늘로 가신 예수님처럼 너희 가운데서 그렇게 온다고 이야기했으나 망상 믿고 사는 자는 영원히 죽고 만다. 또 육으로 산다고 믿는 이도 있다. 정신 차릴 문제다.

이 세상의 모든 물질은 조건에 나서 조건에 살고 조건인 수명에 간다. 사람도 사람 세포의 한정된 횟수에 수명이 좌우된다.

진리는 있는 대로, 보고 듣는 대로가 진리다.

윤회란

사람이 죽으면 윤회를 한다고 불교에서는 이야기한다. 윤회란 도는 것이라. 도는 것은 그 망념의 집착이 강한 자는 몸이 있을 때는 사람이나 죽어서는 그 환(幻)인 뱀이 되고 똥벌레도 되고 파리도 되고 수만 가지로 되어 이것이 윤회라. 실이 없고 환이 자기가 되어 그 속에서 사니 지옥이고 고통 자체라.

운명에 관하여

운명이란 자기가 산 삶이 인(因)이 되고 그것으로 과(果)가 있으니 그것이 운명인 것이라. 마흔 살 된 사람이 있으면 그 사람은 사십 년 동안 하나의 영화를 만들었는데 제작자가 자기요, 주인공이 자기요, 그 영화를 볼 수 있는 자도 자기요, 그 영화를 없앨 수 있는 자도 자기인 것이라.

그 사람의 운명은 사십 년 동안 이렇게 저렇게 산 삶이고 이렇게 저렇게 산 삶이 이후에 살아도 이렇게 저렇게 사는 운명인 것이라. 그 영화 밖으로 나와야 참삶인 자유의 삶이고 해탈의 삶이고 영원불변의 완성된 삶이라.

마음은 없음이 아닌 있음이다

마음은 없음이 아닌 있음이다. 참마음은 있음인 우주라. 우주가 우리 눈에 보이지 않으니 없다고 한다. 그러나 실인 이 마음은 없음이 아닌 있음이라.

우주가 없는가

사람이 자기가 있는 자는 있는 마음속에 들지 못하고 나가 없으니 그냥 없다고 하는 것이라. 저 하늘 속의 별이 없어지면 무엇이 남는가. 별이 없으면 없어졌다고 이야기하고 없다고 이야기한다. 그러나 마음 찾은 이는 그 자체인 대우주가 있다고 한다. 우주 자체가 된 자가 그 우주의 몸 마음을 볼 수 있다.

우주의 몸은 일체가 없고 없는 것조차 없지만 그 속에 일신이 꽉 차 있음을 볼 수가 있다. 나가 완전히 다 죽어 하나도 남지 않고 무한대 우주마저 없을 때 그 마음은 천상천하 유일신인 하나님을 볼 수가 있고 그 하나님 자체로 거듭난 자가 신의 아들이고 부처님이라. 이 경지에 간 자는 유무정이 하나가 되고, 있는 일체가 천극락에서 나와 함께 영생함 깨친다. 우주 그 자체가 된 자는 그 마음조차 없고 일체가 공하나 일체를 다 알고, 없는 너머의 무진장 여래장 세계이고 부처님 하나님의 경지가 된 자는 마음이 있다.

참마음 일체를 가져 번뇌망상이 하나도 없는 경지라. 번뇌가 있는 자는 신이 되지 못한 자라. 우주에서 다시 나니 그 마음이 신인 우주의 마음만 남아라. 그 마음은 좋다 싫다 나쁘다가 없고 시비분별이 없고 그냥 살고 그냥 있고 죽음이 없고 영생천국 나서 사니 그 마음은 기쁨조차 없지만 그 기쁨은 극에 달하여 극락이라.

마음 닦으면 병이 없어 가장 건강하고 가장 예뻐지고 수명이 길어진다

마음 닦으면 병이 없어 가장 건강하고 가장 예뻐지고 수명이 길어진다. 마음 닦다가 보면 사람들의 병이 많이 고쳐지는 것을 본다. 사람은 그 모양이 마음이라. 만상도 그 모양의 마음이 있어 모두가 모양인 꼴로 사는 것이라.

개구리는 모양이 그렇게 생겨서 팔딱 뛰어 살고 사자는 그렇게 생겨서 동물을 잡아먹고 사는 것이라. 사람도 그 모양의 꼴값을 하고 사는 것이라.

그 모양이 마음이라. 마음에 있는 것이 모양으로 나타나 있는 것이라. 마음이란 자기가 살아왔던 산 삶이라. 그 산 삶을 버리면 참마음인 진리가 남는다. 병이 온 곳은 거짓마음이 있어 그 거짓마음의 형체에서 나온 것이라. 마음을 버리면 내 속의 기혈이 그 마음에 의해 막혀 있던 것이 풀어지니 그 병이 없어진다. 예뻐지는 것도 자기의 형체대로 그 마음이 없어 편안해지니 그 모양에서 가장 예뻐지고 수명도 자기라는 마음이 없고 하늘과 하나 되어 해탈이 되니 시비분별 고통과 짐과 스트레스가 일체 없고 하늘마음으로 사니 이 몸이 하늘 같아 하늘의 수명을 다하여 산다. 이것이 천수를 다하는 것이라.

최고의 건강도 마음으로부터 있다. 그 마음이 순리로 살고 그 마음이 해탈되어 참인 진리로 살면 기혈이 잘 돌아 병이 없어지는 것이라.

더 잘 살고, 세상에서 가장 중요한 것은

예수님은 '빵으로만 살 수가 있는 것이 아니라 하나님의 말씀으로 산다'고 했다. 또 어떤 이가 장사를 치르고 와서 예수님을 따른다 하니 죽은 자는 죽은 자들이 장사 치르게 하라고 말씀하셨다. 또 집안에 인사를 하고 와서 예수님을 따르겠다고 하니 쟁기를 쥐고 자꾸 뒤를 돌아보는 자는 천국에 가지 못한다고 했다.

또 다른 성인은 '사람들아 하루해가 지거든 가슴을 치고 통곡하라'고 말씀을 하였다.

사람들은 모두가 빵에 혈안이 되어 이 말이 안 들린다. 이 세상에서 가장 중요하고 이 세상에서 가장 소중한 것은 진리가 되는 것이고 그 진리가 되어야 사람은 산 자가 된다. 사람의 의식이 죽어 있고 죽은 자는 산 자를 모르기에 사람들은 어리석게 살고 있다. 완성된 자기를 만드는 것이 이 세상에서 가장 중요하고 최고의 보배라. 살아 사는 자가 참삶 살고 참 지혜 가져 더 잘 살고 고통과 짐을 벗어던져 참으로 산다.

흔히들 마음을 비우면 어떻게 사느냐고 이야기를 하나 거짓마음을 버리고 참마음을 가져 참으로 살면 분수에 맞는 행과 분수에 맞는 삶 사니 더 잘 살 수밖에 없는 것이라. 자기가 없어 체면이 없으니 현실 타당한 자라. 허황한 망념에는 행이 없어 못 사는 것이라.

가리키는 달을 보지 않고 손가락만 쳐다본다

사람은 상대를 평하고 판단하기를 자기의 기준과 잣대로 한다. 진리를 가르치는 나를 보고 간 자도 있었으리라. 나의 목적은 진리를 가르치는 것인데 진리는 보지 못하고 나 보고 간 이는 안타깝다. 세상은 있는 대로, 사는 대로가 진리라.

도인은 돌부처처럼 있어야 부처인 줄 아나 그냥 사람과 살되 천국 나서 영생하는 삶 살며 인류를 구원하는 것이 참이라.

결국 나가 그 사람의 틀에 맞지 않았다. 자기 틀에 일체가 보인다. 어떤 자는 그 사람이 얄밉게 보이고 어떤 사람은 그 사람이 원수같이 보인다. 이것은 모두가 그 사람이 가진 마음이라. 그 사람 꼴이라. '눈이 마음의 거울이다'라는 말은 있는 만상이 마음이라 그 마음이 눈에 비치니 하는 말이라.

하나님은 가장 크시고 가장 높다

하나님은 우주 이전의 가장 크신 분이시고 가장 높으신 분이시라. 사람이 하나님을 만나보려면 자기가 일체 없어 대우주 자체마저 없애고 그것이 하나도 남지 않을 때 가장 크고 가장 높으신 하나님을 만날 수가 있다.

무덤에서 부활한다는 뜻

종교계에서는 사람이 죽으면 무덤으로 가서 그 무덤에서 사람 몸으로 부활한다고 믿고 있다. 옛날에 미라도 사람이 언젠가 다시 산다고 믿어 그 시체를 썩지 않게 해놓은 것이다. 세상의 물질은 한정된 삶을 살다가 모두가 없어지는 것이 진리 중 진리다.

무덤에서 부활한다는 뜻은 시체가 썩어 없어진 것이 다시 살이 붙어서 무덤에서 나오는 것이 아니다. 자기의 관념 관습이 무덤이라. 자기 속에 살고 있으니 그것이 무덤 자체라. 자기 속에서 벗어나 참과 하나가 되어 무덤에서 빠져나와 자유로 영원히 사는 자가 무덤에서 부활한 자라. 부활이란 자기가 없고 살아 계신 참인 진리가 되어 다시 난 자가 부활한 자라.

현재 종교의 문제점

미국 조지아주의 성직자들이 있는 가운데 나는 현재 종교의 문제점에 대해 강의한 적이 있다.

현재 종교는 기독교가 오만여 개의 종파로 갈라져 있다고 성직자가 말하기에, 참을 몰라서 자기 나름대로의 관념 관습으로 경을 보고 해석하고 가짐으로 종파가 생겨났다고 나는 이야기했다. 또 자기 교회에 나오지 않으면 모두 이단 취급하는 것이 현재의 실태라 하기에, 현재 모든 종교의 참뜻은 어디로 사라지고 이천 년, 삼천 년 전에 죽은 예수님 석가모니를 믿고 살아 계신 주 그리스도인 하나님이신 예수님을 믿지 않고 있고, 믿으면 천당 간다는 것도 그 뜻을 잘 모르고 말하고 있으니 그것이 첫째 잘못이라고 했다. 두 번째 잘못은 회개를 하지 않고 있는 것이라고 말하니 모두가 동감이라고 했다.

회개란 자기의 잘못을 뉘우치는 것이 회개이고 자기의 잘못은 죄라. 죄를 사하지 않고 그대로 두고 입으로 진리이신 하나님 부처님 찾으니 그 망념에 자기의 입장대로 살아가고 있는 것이라. 종교는 항시 살아 계신 하나님임을 알고, 모두가 회개 참회 하여 하나가 되자.

전생의 삶이 지금의 삶이요 지금의 삶이 미래의 삶이라

전생의 삶이 지금의 삶이요, 지금의 삶이 미래의 삶이라. 자기의 마음에 가진 만큼 사람은 살아간다. 자기의 틀대로 사람은 살아간다. 지금 사는 것은 과거에도 그 마음으로 살았고 지금도 그렇고 후일에도 그렇게 산다. 그 마음에 그 마음이라. 그 마음을 벗어나야 과거 현재 미래가 모두가 하나라.

눈이 있어도 보지 못하고 귀가 있어도 듣지 못한다

사람이 자기의 관념과 관습 속에 살아서 마음의 눈과 마음의 귀가 막히고 보이지 않아 참 소리가 보이지도 들리지도 않는 것이라. 나는 칠 년 가까운 세월 동안 같은 말을 하였으나 사람들은 의식이 깨어 있지 않아서 이제야 칠 년 전에 이야기한 것이 들리고 보인다고 말한다. 성경과 불경 등 모든 경(經)도 사람의 마음에 때가 묻어 있으니 그것이 사람의 눈귀에 보이지도 들리지도 않는 것이라. 그 자체는 하나님 부처님 입장인 진리의 이야기라. 마음 닦은 자는 그 자체여서 잘 들리고 잘 보인다. 그 자리에서 이야기하면 그것이 경이라. 경 자체가 된 자는 사는 것이 경이다.

사람의 몸은 영원히 살 수 없는가

사람이란 지구에서 나서 지구에서 살다 간다. 사람의 몸이란 천지의 조화인 자연의 조건에 나서 조건에 살다 조건이 다하면 없어지는 것이라. 목숨이 끊기면 죽음이라. 목숨은 인간 몸의 한정된 삶이라. 인간 몸은 자연의 조건에 따라 수명은 조금씩 다르나 결과는 몸 없어지는 것이 진리라. 몸의 수명은 각 분야의 세포의 형성된 횟수에 의하여 결정되기에 한도가 있는 것이라.

지금은 우주의 가을철이라, 추수를 할 때라

성경에는 재림예수가 심판하러 온다고 했다. 자기의 죄가 무거운 자는 그 죄를 벗지 못하고 죽고 말고 죄가 없는 자는 죄를 벗는다. 심판은 자기 속 하나님 부처님이 진리 자리에 앉아서 하는 것이라.

자기 속의 하나님 응답을 듣는 자는 천국에 나서 산다. 죄사함한 자는 죄가 없어 다시 나서 사는 것이고 죄가 있는 자는 죽음이라. 사람은 죄로 심판하는 것에 대해 재판관처럼 예수가 와서 한다는 관념을 가지고 있으나 천국 난 자는 자기 속 하나님의 인가를 받는다. 죄사함으로 심판하고 죄사함으로 살고 죽는다. 재림예수는 이렇게 하는 것이라.

종교를 넘어선 초종교란 참회 회개 하는 것이다

종교를 넘어선 초종교란 참회 회개 하는 것이다. 사람의 의식이 진리를 따라오지 못하고 경(經) 자체가 되어 있지 못하여 종교의 참뜻을 몰라서 수만 가지의 종파가 생기고 세상이 하나가 되지 못하는 것이라.

종교를 넘어서려면 참 회개, 참 참회 하여 하나님 부처님 자식으로 다시 나야 한다. 그 자체가 된 자는 모두가 하나인 천국나라에 살아서 사는 것이라.

하나님은 유일신이고 인간이 하나님이 될 수가 없다는 것은

하나님은 원래 완전하시어 천지를 다 살려놓으셨다. 이 세상의 일체는 이미 천국나라에 다 나 있으나 사람이 죄업에 자기가 갇혀 가지 못하는 것이라. 하나님은 원래 완전함으로 계시고 인간이 죄 사하여 하나님과 하나가 된 자가 천국에서 영생하니 죽어 무덤에 갇혔던 나가 부활하는 것이라. 신의 아들로 난 것이라. 절대의 신 자체로부터 다시 난 자식이라.

하나님은 절대신이고 유일신 자체라

세미나를 하다 보면 사람들이 매번 질문을 한다. 어떻게 해서 진리를 펴느냐고. 석가모니, 예수님이 왜 진리를 말했는지가 없듯이 나도 우주의 한때에 인간 완성시키려고 죄사함 가지고 왔다고 한다. 모두 다 성인 되게 하려고 왔다고 이야기한다.

도를 하다가 나가 없어지는 자가 질문하는 것이 사람이 죽으면 우주가 되지 않느냐고 한다. 사람이 없어지면 우주 자체가 나가 된다. 동전의 한 면은 그림이 없고 한 면은 그림이 있는 이치와 하나다. 있으나 없으나 하나인 동전이듯이 우주가 되어도 우주가 나라. 나가 우주라. 그냥 하나라.

우주의 신이란 것은 에너지 그 자체여서 이것은 영원히 불변하는 에너지와 신으로 살아 있어 이것이 둘 다 신이라. 이 자체가 된 사람은 개체 속에 전체가 있고 전체 속에 개체가 있어 그냥 그 자체의 신이라. 개체가 신이어서 영원히 사는 것이라. 천국은 이 자체가 모두가 살아 있는 나라라. 자기가 일체 없는 자가 이 자체의 에너지로 화한 것이라. 그래서 개체가 전체로 나서 개체가 그 나라에 사는 것이라.

그 에너지와 신이 되지 못하는 자는 살아 있는 에너지가 없어 살지 못한다. 에너지가 몸이고 신은 그 속에 하나로 산다. 또 둘 다 신이자 완전한 에너지라. 완전하다는 것은 살아 있고 죽음이 없는 것이라.

하나님을 아는 것이 지혜의 근본이라. 이 우주에 살아 계신 하나님을 아는 것이 참을 아는 것이어서 하나님의 의식 가진 자에게 지혜가 난다는 것이라. 지혜란 참인 진리를 아는 것이라. 인간이 만물보다 뛰어난 것은 하나님을 알고 하나님의 지혜를 가져서라. 이 지혜 가진 자가 많아지면 종교 사상 철학 과학 학문과 삶의 일체가 영원히 죽지 않는 완전한 대안이어서 더 잘 살고 고통 근심 일체가 없어진다.

진리이신 부처님 하나님 한얼님은 형상에 있지 않고 나 속에 있다

사람들아, 진리이신 부처님 하나님 한얼님은 밖의 형상에 있지 않고 나 속에 있다. 하나님 부처님을 우상화하지 말고 자기의 망념의 마음 닦아 진리이신 하나님 부처님 한얼님 만나자. 하나님 부처님 한얼님 진리로 거듭나서 지상천국 살자. 모두가 중생구제 하늘나라 일을 하여 하늘 복 쌓자.

나 속에 하나님 부처님이 있다는 뜻은

우주가 하나님 부처님이라. 나 속에 하나님 부처님이 있을 때 나가 하나님 부처님을 알 수가 있어 나 속 있다고 하는 것이라. 나 속에 우주가 있을 때 하나님 부처님이 있다. 나 속에 하나님 부처님이 없는 것은 나의 망념에 없는 것이라. 망념의 나가 없으면 부처님 하나님이 나 속에 있다.

사람이 말하고 사는 것은

사람은 자기가 아는 만큼 말하고 산다. 자기가 아는 것은 자기가 경험한 것만큼 알고 말하고 산다. 하나님만 마귀를 쫓을 수 있다. 나의 업습을 버리는 것이 나 속 나의 본성인 하나님 부처님이라. 마귀를 쫓는 것도 나 속에 살아 계신 하나님 부처님만이 할 수가 있다. 거짓 나를 죽이는 것도 하나님 부처님만이 죽여줄 수가 있다. 생명의 주인이 하나님 부처님이라. 나가 살고 죽고도 하나님만이 할 수가 있다. 나 속에 하나님이 산 자는 살고 나 속에 하나님이 죽은 자는 죽는다.

말을 바꾸면 죄가 없고 닦은 자 살고, 죄가 많고 닦지 않은 자 죽는다. 그 죄가 많은 자는 끝까지 닦지 못한다.

마지막 단계까지 하지 않으면 깨침이 아니다

마음공부를 시키다 보면 자기의 그릇대로 공부하고 간다. 첫 단계와 둘째 단계는 하늘땅 차이고 첫 단계 둘째 단계를 합쳐도 셋째 단계와 하늘땅 차이고 1, 2, 3단계 다 합쳐도 넷째 단계와 또 하늘땅 차이고 1, 2, 3, 4단계 다 합쳐도 다섯째 단계와 하늘땅 차이고 1, 2, 3, 4, 5단계 다 합쳐도 여섯째 단계와 또 하늘땅 차이고 1, 2, 3, 4, 5, 6단계 다 합쳐도 일곱째 단계와 하늘땅 차이고 1, 2, 3, 4, 5, 6, 7단계 다 합쳐도 여덟째 단계와 하늘땅 차이다. 완성이 된 자는 하늘나라 살고 하늘 일 한다.

가톨릭의 '내 탓이오'

사람은 모든 것이 잘못되면 남의 탓으로 돌리고 남을 원망한다. 천지의 삶 자체가 나로부터 일체가 있으니 모든 것은 그 조건을 찾아보면 모두가 나의 탓이라.

미움도 내 마음에 미움이 있어 상대가 미운 것이라. 세상의 일체는 모두가 나가 있어 있는 것이라. 내 탓임을 알고 나를 참회하면 하나님 자식으로 다시 날 수 있고 천국 날 수 있다.

마음이 가난한 자는 복이 있나니 천국이 저희 것이라. 또 마음이 깨끗한 자는 하나님을 본다

마음 닦으면 마음이 없어져 천국 날 수가 있고 마음이 깨끗하면 하나님이 나 속 있음을 볼 수가 있다. 더러운 거울을 닦으면 거울 속의 나를 볼 수 있듯 그 이치가 마찬가지라.

하나님이란 존재를 보는 것도 그 자리에 간 자가 볼 수 있는 것이라. 서울에 가봐야 서울을 보듯 가지 않고는 볼 수가 없다. 하나님 만나고 천국 가는 길의 명약이 마음 닦는 죄사함이라.

믿음이 잘못되어 무덤에 갇혀 죽어 있다

사람들은 종교를 가지고 있다. 각 종교마다 시작한 사람이 있어 그 사람을 우상화하여 믿고 있다. 그 사람이 이야기한 참뜻은 모르고 또 경(經)들의 해석을 잘못하여 자기 생각으로 그것을 단정 지어 믿고 있다. 그것이 참이 아닐 때의 생각은 하지 않고 있다. 그것이 경과 시작한 사람 속에 갇혀 있어 무덤에 갇혀 죽어 있는 것이라. 종교 속 든 자는 죽고 말고 그 말씀대로 행한 자는 산다. 참 회개하여 천국 살자.

마음 닦아 마음이 가난하여 천국이 저희 것 되게 하자

마음이 깨끗하여 하나님을 보고 하나님의 자식으로 다시 나서 영생하자. 사람은 지혜가 없어 하나님을 보고 천국 나는 것을 죽어서 간다고 알고 있으나 살아서 하나님 보고 천국 나야 죽어도 그렇게 된다. 지금의 내가 하나님 보지 못한 자와 천국에 나지 못한 자는 모두가 회개하자. 그냥 믿고 있지 말고 회개하여 경(經)의 말씀처럼 되자.

가장 복이 많은 것은

사람마다 이렇게 저렇게 살아왔다. 사람의 수효만큼 그 삶도 많다. 수만 가지 삶 살다가도 이때에 마음공부하는 자는 복 중 복이라. 인류가 있고부터 헤아릴 수 없을 만큼 많은 사람이 왔다 갔지만 사람이 마음 닦아 하늘나라에 가는 방법 없었어라.

모두가 회개하여 하늘 가는 때에 지난 삶이 원한이었든 이렇게 살았든 저렇게 살았든 마음공부한 자가 가장 잘난 이고 잘생긴 자라. 사람의 의식은 아는 것이 없고 그 의식이 단계단계가 하늘땅 차이라. 다 된 자가 완성된 자라. 영생 천극락에 영원히 사니 그것이 복 중 복이라.

'어리석은 자 땅에다 재물 쌓고 지혜로운 자는 하늘에 쌓는다'라는 예수님의 말씀처럼 하늘나라 난 자는 천상에 복 쌓아야 그 복이 있는 것이라. 천상에 난 이는 자다가도 꿈인지 생시인지 감사하는 마음이 든다고 이야기한다. 복을 얻는 자는 그 복을 천상에 쌓아도 자기의 복이라. 복은 쌓는 것이라.

살아생전에 천상 난 자는 천상의 복을 쌓으면 그 복이 진리라. 참의 나라에서 영원토록 나의 것이 되는 것이라. 그 나라에 쌓는 자가 가장 복이 많은 자라. 복 중 복은 천복이라. 하늘 복을 타고 나서 하늘에 재물을 쌓는 자는 최상의 복이라.

말만 듣고 자기가 부처라는 망상

어떤 성직자가 네 번째 단계를 공부하다가 “스승님 나는 부처가 아닙니까?”라고 말을 했다. 책이나 설법 속에서 “네가 부처다”라는 말을 많이 들어서다.

부처는 자기가 부처가 되어야 부처가 된다고 했다. 이 말은 부처라고 말하고 있는 망념의 부처를 버리고 나면 참의 부처가 된다는 것이라. 거짓의 나를 버리고 부처만 있을 때 부처로 다시 난 자가 참 부처이다.

진리인 신의 형태

진리라고 하면 영원불변하는 것이 진리라고 사람들이 말을 한다. 그 진리가 무엇이냐고 물으면 아무도 아는 이가 없다. 만고의 진리는 우주라는 낱말 이전의 우주다. 우주의 허공 이전인 허공이다. 이것은 아무것도 없고 없는 것조차 없는 자리라. 없는 가운데 신이 있다. 없는 것 그 속에 신이 있는 것이라. 만상은 이것의 나타남인 것이다. 없는 것조차 없는 것도 신이요, 그 속의 의식인 신도 신이라. 둘이나 하나이고 이것은 영원불변한 참의 진리라.

진리라는 것은 죽지 않고 살아 있는 것이 진리인 신이라. 이것은 변하지 않고 그냥 우주에 영원히 존재하는 것이라. 없는 허공에 지구를 갖다 놓아도 그 자체가 늘어남이 아니고 없어져도 줄어듦이 아니고 있는 형상 안에 그냥 그 존재가 있는 것이라.

있고 없고가 하나라는 말은 있는 것이 그 자체요, 없는 것

또한 있음과 하나라는 것이라. 천지는 그냥 하나라. 전체인 무한대의 그 신과 하나가 된 자가 신으로 다시 나 이 존재의 화신이고 이 존재의 아들이니 진리 자체라. 그것이 진리라, 죽음이 없고 그 나라에 하나가 된 일체는 모두가 진리인 신으로 나서 천국이라.

우리나라 말에 혼줄이 났다고 하는 것은 나의 영혼이 진리인 신과 하나가 되었다는 이야기라.

만상이 난 것은

만상은 신이 창조한 것이라. 신에서 나왔으니 신이 창조한 것이라. 신의 자리서 본 것이라. 만상은 천지조화로 나타난 것이라. 지수화풍에서 난 것이다. 사람의 입장에서 보면 그런 것이라. 스스로 났다는 것도 신의 입장에서 개체를 신으로 볼 때라. 모두가 같은 말이라.

이 세상에서 사는 것도 바름의 대안 있어야

바르다고 하는 것은 곧다는 것이고 곧다는 것은 끝이 없다는 것이고 끝이 없다는 것은 막힘이 없다는 것이고 막힘이 없는 것은 걸림이 없어 바름의 대안은 탁 트인 진리의 대안이 바름의 대안이라.

이 세상의 일체는 사람이 만들어 바름이 없어라. 진리가 만든 대안이라야 바름이라. 종교 사상 철학 학문 정치 경제, 살아가는 일체의 방법도 진리로 하면 막힘이 없고 그대로 영원히 가는 것이라. 그 바름의 대안이 없으니 에너지만 수없이 낭비하고 사람을 속이고 기만하는 것이라.

바르다고 하는 것은 진리만이 바른 것이고 살아 있는 대안이라. 인류가 모두 마음 닦아 신의 의식으로 살면 신명이 나서 사니 기쁘고 고통 짐이 없는 것이라. 신명이 난다는 말도 나 속에 진리인 신으로 났다는 말이라. 바른 대안으로 살면 신명으로 난 자가 신명 나 산다.

도술

사람들은 도(진리)라면 날아다니고 없는 것도 만들고 둔갑술도 하고 무엇이든 다 알고 완전 자유자재로 하는 줄 안다. 이것을 얻으려고 마음수련회에 찾아온 이도 있다. 그런 사람은 얻으려 온 것이니 참 도와는 거리가 멀다.

어떤 궁금한 면에 직면했을 때 우리는 도술이 있을까라는 말을 해왔다. 도술이란 도를 이루는 방법이다. 이 방법이 세상에서 가장 어려워 그런 말이 있는 것이다.

도술은 진리인 도를 이루는 방법을 말하는 것이다. 사람이 어리석어 세상에는 날아다니는 이도 있다고 생각한다. 나는 이가 있다면 올림픽에서 금메달을 획득하는 것이 전부일 것이다. 세상에서 가장 많이 나는 자는 넓이뛰기를 가장 멀리 하는 자요, 가장 높이 나는 자는 높이뛰기를 가장 높이 뛰는 자라. 세상의 있는 대로 보는 대로가 도라. 일체는 그것의 모양에 살고 그렇게 사는 것이 진리라.

순리의 시대

순리란 진리가 사는 모양이라. 대자연의 삶이 순리이고 하나님 부처님의 삶이 순리이고 진리 된 자가 사는 삶이 순리라. 순리는 물 흐르듯 자연의 법칙을 어기지 않고 그냥 살아가고 부딪침이 없이 살고 너 나가 없고 하나 되어 살고 어우러져도 그냥 하나로 살고 나보다 남 위해 살고 해도 한 바가 없이 살고 그냥 그대로 사는 삶이 순리라. 이 말은 일을 열심히 하고도 했다는 마음이 없는 것이라.

저절로 된다는 뜻은

사람들은 자기가 있어 한 치 앞을 못 보고 산다. 자기가 짓고 부수는 마음에서 고통과 짐만 지고 살지 삶을 모르고 살아 그 고통 짐 속 사니 앞이 안 보인다. 저절로 된다는 뜻은 우주의 입장에서 보면 일체가 그렇게 되는 것이 자기의 업으로 그렇게 되는 것이라.

이 세상 삶은 원인이 있어야 결과가 있는 것이라. 일체의 일은 자기가 노력한 만큼 저절로 그 노력의 실이 있는 것이라. 저절로는 스스로라. 저절로는 그대로라. 이 세상에 있는 것 저절로 그렇게 있는 것이라. 이 말은 일체의 조건에 그렇게 있다는 말이라. 그렇게 있다는 것이 저절로라.

아리령 고개를 넘자

아리령(我利嶺)이란 나를 찾는 고개라. 사람의 인식에는 찾는다고 하면 어느 장소가 있어야 하고 그 장소에서 찾아지는 줄 아나 나를 찾는 고개를 넘어가는 것은 나 속의 하나님 부처님을 찾아서 되는 것이라.

이 고개는 자기라는 망념을 다 물리친 자가 넘을 수 있고 마귀를 다 쫓은 자가 넘어설 수가 있는 것이라. 자기가 없는 자는 참인 자기를 얻을 수가 있는 것이라.

'나를 버리고 가신 님은 십 리도 못 가서 발병 난다'라는 말의 뜻은 참 자기를 버리고 떠나간 자는 갈 길이 없다는 뜻이라. 자기 속의 참 자기를 버린 자는 새 삶이 없고 자기 속의 참 자기를 버린 자는 자기의 망념 속에 사는 것이라. 또 죽음이라. 반야심경에 '가자 가자 어서 가자 저 언덕 너머로'와 같은 이야기라. 성경에 '요단강 건너가 만나리'와도 같은 말이라.

산 자여

산 자여, 산 자여, 우리 모두가 이 세상을 천극락으로 만들어보세. 우리는 이 세상의 일체를 살아 있게 하기 위해 세상 왔으나 세상의 인심이 흉흉하고 세상의 인심이 없어 사람이 사는 꼴이 사람으로 살지 못하여 자기만 알고 살고 저희가 만든 틀 가져 참이 발을 붙이기가 힘이 들고 참이 와도 마귀가 참보다 잘난 체하고 바른 체하니 이 세상은 모두가 거짓이라. 바름이란 하늘나라만 바른 것이라. 산 자여, 힘을 합하여 마귀의 세상을 하늘나라로 만들어보세.

천지의 뜻은

천지의 일체가 하늘땅과 하나가 되어 그 나라에 하나로 사는 것이 이 천지의 뜻이나 그렇게 살지 못하는 것은 자기 속에 하늘땅이 일체가 없어 그 하늘땅의 뜻이 없어서라. 하늘에 닿아 사는 자는 하늘의 삶 살고 하늘의 뜻으로 삶 사나 자기로 사는 자는 의식이 죽어 있다.

마음, 의식, 신이란

마음, 의식, 신은 하나다. 마음, 의식, 신이 망념 든 자는 그 마음, 의식, 신이 망념으로 살고, 그 마음, 의식, 신이 참인 참마음, 참 의식, 참 신에 든 자는 바른 마음, 바른 의식, 바른 신이라 바로 보고 바로 산다. 나 속에 참마음이 참 의식이고 참 의식이 신이라 하나인 것이다.

마음으로 믿어 입으로 시인하여 구원이 이루어진다

마음으로 믿는다는 것은 마음속에 진리인 예수가 있음을 마음이 인정하는 것이라. 그 있음을 인정하여 입으로 시인하는 것은 진리인 예수님이 계시는 것을 "계시구나" 마음속 입으로 이렇게 나의 마음이 시인하는 자가 구원이 이루어진다는 것이라. 마음속에 진리이신 예수님이 계시는 자만이 계심을 안다는 뜻이라. 마음으로 시인하는 것이 나 속 하나님의 음성이라. 그 음성 들어야 산다.

유태인들은 예수를 믿지 않았다

구약 성서가 신약이 이루어짐을 예언했고 신약은 이루어지는 때가 있을 것이다. 구약을 믿던 사람들에게 그 당시에 신약이 이루어져도 그 신약이 들리지 않았던 것은 구약에 빠져 있어 예수님이 나타나도 구약만 잡고 있어서라.

이렇게 어리석게 그 자체에 묶인 사람들은 아무리 예수가 와도 모른다. 앞으로도 재림예수가 와도 사람들은 고정관념 때문에 그 예수를 찾지 못할 것이다. 자기가 하고 있는 그 속에 빠져서 참 소리를 듣지 못할 것이다. 재림예수를 몰라볼 것이다. 재림예수가 와도 '아니다' 할 것이다. 이것을 모르기에 도둑과 같이 온다고 했다. 진리인 사람이 오기에 하늘 구름 타고 온다고 생각하는 자는 그 자체가 아닌 것은 모두가 아니라고 생각한다.

성경에도 인자가 온다고 했고 그 시 때는 아무도 모른다 했다. 아무도 모른다는 것은 인자만이 알고 사람은 모른다는 말이라. 사람은 의식이 진리이지 않고 사람은 사람으로밖에 보는 눈이 없어서라. 마음의 귀와 눈이 열린 자가 세상에는 없어서라. 산 자만 산 자인 예수님을 알 수 있기에 그렇다.

예수가 지나가도 유태인은 믿지 않았듯 격암유록에 보면 시 때가 다 가도 주문 외우는 자는 주문을 외우고 목탁 치는 자는 목탁을 친다고 했다. 계속 미륵, 재림예수 기다리는 자는 기다릴 것이다. '회개하라, 하나님 나라가 가까이 왔다'고 말씀한 것처럼 회개하여 보면 누구나 천국에 가는 이치를 사람이 몰라서다.

'하늘에서 이루어진 것같이 땅에서도 이루어지게 하소서'의 뜻은

하늘나라인 하나님 나라는 원래가 완전한 나라라. 하늘이 천지의 만물만상을 낼 때 영원불변한 하나님의 자식으로 낸 것이라. 하나님의 자식은 하나님이라, 일체가 그 자체인 하나님이라. 하나님의 나라는 원래가 완전한 나라라. 원래가 진리라 없어지지도 않는 나라라. 우리의 의식이 무한대의 우주의 정신으로 난 자가 사는 나라, 죽지 않는 나라라. 하나님의 나라 그곳은 완전한 나라이라. 일체가 다 살아 있는 나라라 하늘에서 이루어진 것과 같이 땅에서도 이루어지게 해달라고 한 것이라.

완성이 된 그 나라는 사람만 자기의 죄인의 사슬을 풀어버리면 그 나라에 살 수가 있는 것이라. 그러면 그 나라가 땅에서 이루어지는 것이라.

마음 비운 자의 회개가 종교의 회개와 같은가

사람의 회개라고 하면 자기를 뉘우치는 것이라. 자기를 뒤돌아보고 자기의 잘못을 없애고 사하는 것이 회개라. 사람의 잘못은 자기가 살아왔던 산 삶과 몸 하나밖에 없다. 산 삶과 몸을 버리고 없애면 나의 전부를 없애는 것이 되니 어떤 종교에 관계없이 나를 회개하는 것이고 참회하는 것이고 나를 죄사함하는 것이다. 이것이 바른 참 회개다. 죄인을 다 버려 죄사함하는 것이라.

바름이란

바름이란 곧은 것이고 막힘이 없고 걸림이 없고 부딪침이 없고 무한대이고 가장 지고하고 가장 낮고 일체의 가짐과 그 마음조차 없고 순리의 삶으로 사는 것이 바름이라. 저절로요 그대로이고 이것이 있어 저것이 있고 일체가 그냥 있는 이치가 바름이요, 바른 자는 무한대 우주의 신 된 자가 바른 자라. 그 신이 사는 삶이 바른 삶이라.

우리의 본성을 되찾자

이 세상의 근원은 우주 이전인 우주라. 이 세상 천지만물이 난 곳도 이곳이요, 갈 곳도 이곳이라. 이것이 우리 인간의 본성이라. 신의 자리라. 이 신으로 다시 난 자는 신이라 영생불멸하고 사는 것이라. 본성을 찾은 이는 천국 나 살아 사는 삶이 자유고 해탈이라, 편안한 것이라.

우리가 이 본성을 되찾아 순리의 삶을 사는 때라. 순리는 대정이라. 순리는 정 중 정인 큰 정이라. 순리는 그냥 하고 한 바가 없지만 살리는 정이라. 부활시키는 정이라. 사람을 살리고 천지의 일체를 밝히는 것이라. 하나로 사는 것이라. 인간이 사는 삶은 순리의 삶이라. 남을 위해 사나 나가 잘되는 삶이라. 우리 모두 본성을 되찾아 모든 이를 참으로 살게 하자.

종교 자체가 되어야 하고 죄업을 벗어나야 세계가 하나가 되고 인간이 완성된다

사람이 경전 속에 들어 있는 자는 살아 천국을 못 간다. 그 종교 자체가 된 자가 하늘나라 갈 수가 있는 것이라. 종교란 진리를 이야기한 것이고, 계명이 있으면 죄업이 있어 완전함이 되지 못한다. 계명을 벗어나야 영생천국 날 수가 있는 것이라. 자기를 벗어나서 신 된 자는 계명을 벗어난 자라. 진리가 되어 있지 않고 말속에만 갇힌 자는 죽음이라. 생명의 신이 되지 못한 자는 모두가 죽음이라.

신 된 자는 신이 자기 속 있음 알고 영생천국 사는 것도 아는 것이라.

진리는 에너지의 근원이고 영원불변 그대로 존재하는 것이라

과학으로 이야기하면 진리는 에너지의 근원이고 영원불변한 것이라. 닳아서 없어지지도 않고 그대로 존재하는 것이라. 진리는 그냥 있는 것이라. 스스로 존재하는 것이라. 천지만물 이전에 있어 천지만물이 있어도 그 속에 그냥 존재하는 것이라. 만물 자체가 그 자체라. 있는 형상이 없어져도 그 형상은 진리라. 있는 나라가 진리나라라. 개체가 완전한 진리이고 완전한 진리 속에 개체가 있어 그 자체는 그냥 하나라. 영원불변의 에너지 근원이고 에너지 자체라. 그것이 완전 세계인 영원불변의 에너지 근원의 나라에서는 영원불변의 에너지라 영원히 산다.

빛의 나라라

하나님은 빛이라고 말한다. 이 말의 뜻은 하나님은 진리이시라 빛이라 한 것이라. 하나님은 살아 계셔 빛이라고 한 것이라. 하나님은 지혜의 앎이 있어 빛이라고 한 것이라. 하나님은 자기의 본성 자체라 그 본성이 살아 있고 죽지 않음 알고 그것이 주인임 알아 빛이라고 한 것이라.

하나님 나라도 빛의 나라라. 빛의 나라는 살아 있는 나라라. 빛의 나라는 지혜의 나라라. 빛의 나라는 진리의 나라라. 빛의 나라는 생명의 나라라. 빛의 나라는 모두가 신의 나라라. 영원불변의 진리라, 신이라.

그 나라에는 죽음이 없고 그 나라에는 고통과 슬픔이 없고 하나로 사는 나라라. 생명의 탄생지이고 살리는 나라라. 모두가 크게 쉬고 그냥 사는 나라이고 유정이 살아 유정의 완성 시대가 바로 빛의 나라라.

산다는 것은 진리라야 살 수가 있고 산다는 것은 빛인 신이라야 살 수가 있는 것이라. 산다는 것은 영원불변의 하나님만이 영생불사하고 항시 살아 계시는데 사람들은 산 하나님을, 하나님 나라를 볼 수가 없구나. 자기의 마음이 가난하지 못하여 안 보이는 것이라. 거짓의 마음이 부자여서 안 보이는 것이라.

이 세상의 모든 것이 신의 자식이라

이 세상의 모든 것이 신의 자식이라. 그 신은 자식과 하나이라. 신은 자식을 낳을 때 신의 자식으로 낳았으나 사람은 신을 모르고 자기 가짐의 망념의 마음인 마귀만 가득하여 신과는 거리가 멀고 멀다. 죄사함인 마음 닦아 하늘나라가 하나님이고 하나님이 하늘나라이고 하나님과 나가 둘이 아닌 나라에 우리가 살자. 참 빛인 생명의 나라 살자.

정신개벽이란 천지창조하여 새 하늘 새 땅에 사람이 부활하는 것이다

흔히들 사람들은 새 하늘 새 땅이 이 세상에 다시 생기는 줄 알고, 죽은 시체가 다시 살아나는 줄 알고 있으나 그것은 잘못이라. 새 하늘 새 땅도 사람의 정신이 하나님과 하나 된 자가 자기 속에 하나님의 나라인 새 나라를 건설할 때 새 하늘 새 땅이 생기는 것이라. 사람도 하나님과 하나가 되어 다시 부활하는 것이라.

이것이 정신의 개벽이고 이것이 물질 창조의 선천의 시대에서 후천의 정신개벽의 시대라. 이 세상에 있는 물질의 일체가 생긴 것도 무정의 진리가 창조하였고 정신 창조도 유정의 그 자체가 하는 것이라.

정신 창조는 원래 살아 있는 진리의 나라에 인간을 참이 되게 하여 그 속에 살리는 것이라. 이것이 정신개벽하여 새 하늘 새 땅 사는 것이라.

신의 의식으로 다시 난 자는 신과 완전 하나라

신의 의식으로 다시 난 자는 신과 완전 하나라. 신을 개체의 의식이 되게 하는 것은, 개체인 나의 의식을 하나도 남지 않게 하여 완전한 원래의 신이신 무한대의 우주 자체만 남아 있는 것이다. 나가 그 자체인 무한대의 대 정과 신 자체로 다시 난 자가 신의 의식으로 난 자라. 무한대 우주 이전의 자리가 신의 자리라. 이 자리는 나가 다 죽고 나의 의식이 다 죽었을 때만 이 자리에 갈 수 있고 다시 날 수가 있는 것이라.

망념의 나가 있고는 절대로 신인 하나님의 나라에 갈 수가 없고, 망념의 나가 있고는 절대로 신 자체가 될 수가 없다. 저승도 나가 죽고 넘어간 나라이고 신의 나라도 나가 죽고 넘어간 나라다. 신과 하나 되는 것도 나가 없어야 하나가 된다.

인간 삶의 완성은 사람이 완성되고 완성이 된 삶이 완성된 삶이라

인간 삶의 완성은 사람이 완성되고 완성이 된 삶이 완성된 삶이라. 완성이란 완전히 이룬 것이라. 완전히 이룬 것이란 살아 있고 영생불멸하는 것이 완성된 것이라. 사물을 만들어도 완전한 사물이 쓸모가 있듯이 인간의 완성도 완성이 되면 완성으로 쓸모가 있는 것이라.

그 쓸모는 인간을 살리고 인간답게 살아 하늘나라에 모두를 위해 쓰였지만 그 복이 자기의 것이 되는 것이라. 이것이 인간의 완전한 삶이라. 이것이 인간의 완전한 세계라. 완전 세계는 죽지 않고 완전 세계는 살아 있는 나라라.

마음먹은 대로 된다의 뜻은

사람의 마음이 수십만 가지라. 그 많은 사람이 각자가 먹은 마음이 다 다르다. 자기가 먹은 마음대로 이루어진다는 뜻은 자기가 자기 것이라고 가진 만큼 이루어진다는 뜻이라. 허된 망념의 마음만큼 망념의 행이 나오고 그 결실은 마음먹은 만큼 된다는 뜻이라.

선악과를 따먹었다고 하는 것도 선이다 악이다를 자기 속 마음에 새긴 것을 말하듯, 마음먹었다는 것도 마음에 새긴 것이라. 자기 운명도 마음에 새겨 있는 만큼 되는 것이 마음먹은 대로 된다는 뜻이라.

어떤 것이 이단인가

흔히들 자기 것만 해야지 그렇지 않으면 이단이라는 말을 자주 한다. 불교는 불교대로의 이단이 있고 기독교는 기독교대로의 이단이 있다. 자기 속에 살아 계신 하나님 부처님을 믿지 않고 죄사함하지 않는 자가 이단이다.

기독교에서는 진리이신 예수님을 믿지 않는 자를 이단이라고 한다. 당연한 이야기다. 살아 계신 주 그리스도인 예수님을 믿고 죄사함하는 자가 이단이 아니다.

기복의 믿음이 아닌 참 하나님이 나 속에 계심을 믿고 하나님의 성전을 나 속에 세우고 천국을 건설해야 한다. 나 속의 하나님을 믿고 죄사함하여 마음 닦아 회개하여 천국 나서 사는 자가 이단이 아니다.

재림예수의 심판이란

예수님이 오시면 심판하러 온다고 했다. 양과 염소를 가린다고 했다. 그 심판은 죄로 할 것이다. 죄를 씻은 자는 심판에서 승자라 살 것이요, 죄를 씻지 못한 자는 심판에서 패자가 되어 죽을 것이다. 죄 사한 자는 진리가 되어 살 것이요, 죄 사하지 못한 자는 진리가 아니라 생명이 없어 죽을 것이다.

참 여호와의 증인이란

‘여호와는 바람 위에 섰다’고 하는 것은 바람의 이전 자리에 계시는 분이 하나님이고 진리 자체라는 말이다. 참 여호와의 증인이란 바람 위에 선 하나님이 자기가 된 자가 참 여호와의 증인이라.

여호와는 살아 계시고
여호와는 진리이시고
여호와는 생명이시고
여호와는 빛이시고
여호와는 부활의 신이라.

이것을 입으로만 말하지 않고 사람들이 여호와와 하나 되게 하는 자가 여호와의 증인이라.

하늘나라 살자

하늘나라 살자
하늘나라 있자
나의 짐 다 벗어던지고
하늘 되어 하늘나라 살자
참 회개 참 참회 하여
하늘나라 살자
우리로 사는 나라 살자
나보다는 남이 먼저고
나보다는 남이 잘 살고
나보다는 우리가 되어 사는 삶 살자

고통과 짐은 이 땅에 갇혀 있어 고통과 짐이 있는 것이라. 갇힌 나를 다 버리고 하늘 되어야 하늘나라에 살 수가 있고 하늘 되어야 영생할 수 있는 것이라. 그곳이 극락이라. 그곳이 천국이라. 천극락은 일체가 진리가 되어 죽음이 없고, 천극락은 일체가 생명의 근원이자 생명 그 자체가 영원무궁히 사는 나라라.

사람이 살아서 자기의 의식이 깨어 있지 않은 자는 죽어서도 깨어 있지 않는 것이라. 의식이 깨었다는 것은 아는 것과 시비 분별 판단 하는 것이 진리가 되어 있다는 뜻이라. 의식이 산 자는 신인 자라야 산 것이라. 신은 유일신이고 그 유일신만이 살 수가 있고 그 유일신만이 생명의 신이라 사는 것이라.

유일신(唯一神)

우주에는 수많은 신이 있다고 사람들은 그렇게 알고 있으나 우주에는 오로지 한 신만 존재한다. 그 한 신이 나타난 것이 수십만 종류의 개체가 있는 것이라. 그것도 신이라. 그러나 그 많은 신이 하나인 신의 표상이라.

인간이 가지고 있는 신이란 것은 망념의 신이라. 망념의 신은 참 신이 아니라. 원래부터 있었고 영원불변의 물질 정신 창조주인 신만이 유일신이라. 그 신은 살아 있고 그 신은 영원불변의 신이라. 이 우주에 아니 계신 곳이 없고 이 우주를 관장하는 신이라.

눈이 마음의 거울이다

마음은 이 천지만상이 한 마음인데 이 천지만상이 눈에 비치니 이것이 마음의 거울인 것이다. 마음이 눈에 나타나니 하는 말이라. 있고 없고의 우주의 일체가 마음이라. 마음은 전체가 그냥 하나라. 사람의 눈은 있고 없고의 시비분별에 속아 전체인 마음의 입장에서 보지 못한다. 그래서 이것이다 저것이다의 시비분별이 끊기지 않는 것이라.

마음 바꾸어 먹어라

힘든 일을 당했을 때 사람들은 흔히 마음을 바꾸어 먹으라고 이야기를 한다. 마음을 바꾼다는 것은 개체인 자기의 입장에서 전체인 마음이 되어 생각하고 판단하라는 이야기다. 개체의 입장에서 보는 것은 자기의 관점이지만 전체의 입장에서 보면 마음이 큰 마음이라 보는 것이 달라지는 것이라.

마음 크게 먹으라는 말은

마음을 크게 먹으라는 말은 큰 마음 가지라는 말이라. 큰 마음 가진다는 것은 마음이 우주 전체라 전체인 우주마음으로 되면 나가 없어 고통도 슬픔도 아픔도 없는 것이라. 큰 마음으로 바꾸어 먹으면 큰 마음이 되어 작은 마음이 없는 것이라.

천극락도 마음에 있다는 말은

마음은 우주 전체라 마음을 우주와 같게 하면 우주가 나 속에 있어 천극락도 나 속에 있는 것이라. 실인 우주가 나 속 있어 그것이 천극락이라. 마음이 큰 자는 우주 가진 자이고 우주 가진 자는 천극락을 가진 자라.

마음이 부자라야 부자다

사람의 마음에 허가 있는 자는 그 마음이 항시 가난하다. 허된 마음이 많을수록 그 마음은 더더욱 가난하다. 마음이 부자라야 부자라는 말은 참마음을 가진 자는 다 가져 부족함이 일체가 없어 마음이 부자라야 부자라는 뜻이라.

마음 닦자, 마음 비우자는 뜻은

마음은 거짓의 마음을 닦아야 하고 비워야 하는 것이라. 거짓의 마음은 전체인 진리이지 않고, 자신의 가짐의 허된 마음을 닦고 비우는 것이 마음을 닦고 비우는 것이라.

닦는 것과 비우는 것은 하나의 뜻이라. 마음 닦고 비운 자는 일체의 삶에 매여 있지 않는 자라. 해탈자라. 참인 자라. 진리로 다시 난 자라.

씨 없는 종자가 없다,
덤불 없는 가지가 없다는 말은

모든 것은 씨에서 종자가 난다. 콩 심은 데 콩 나고 팥 심은 데 팥이 나고 벼 심은 데 벼가 난다. 진리의 씨가 있어야 진리가 날 수 있다.

덤불이 없는데 가지가 없는 것이라. 이 말은 근원이 있어야 그 근원의 표상이 있다는 뜻이라. 부모가 없는 자식이 없고 있는 것과 있게 되는 것이 모두 다 근원이 있어 있는 것이라. 진리도 진리의 근원이 있어야 진리가 될 수 있는 것이라.

'매일 십자가를 지고 나를 따르라, 죽으려고 하는 자는 살고 살려고 하는 자는 죽는다'의 뜻은

십자가는 사형틀이다. 매일 십자가를 지라고 하는 것은 매일 죽으라고 하는 것이다. 참으로 자기를 부인하여 버리는 자는 진리로 다시 나 살고, 살려고 하는 자는 자기가 있어 그 자기가 마귀라 생명이 없어 죽는다는 뜻이라.

많은 이들이 자기를 없애다 보면 자기의 망념에게 져서 버리지 못한다. 그래서 죽고 만다. 자기를 버린 자는 자기 속에 살아 계신 하나님으로 다시 나서 새 생명 얻어 부활하는 것이라. 참으로 죽는 자는 살고, 살려는 자, 자기가 있는 자는 죽는다.

꼴값한다는 뜻은

꼴은 모양이라. 모양의 값을 하고 만상은 살아간다. 사람도 짐승도 새도 모두가 생긴 대로 삶 산다. 이것이 꼴값이라. 새는 날개가 있어 날고 사자는 날카로운 이빨이 있어 동물을 잡아먹고 개구리는 그렇게 생겨 팔딱팔딱 뛰고 산다. 사람도 모양이 각기 다른 것은 그 모양이 그 사람의 마음이라 꼴값을 하고 산다.

속 탄다, 마음이 탄다의 뜻은

어떤 일이 성취되지 않을 때 사람들은 마음이 탄다고 이야기한다. 마음이 불과 같이 타서 참마음이 없어진다는 뜻이라. 그 참마음이 없어 사람은 안절부절못하고 초조한 것이라. 속 탄다도 속이 마음이라 똑같은 말이라.

부자가 천국에 가기가 낙타가 바늘구멍을 통과하기보다 더 힘들다

부자는 마음의 집착인 망념을 많이 가진 자일수록 부자인 것이라. 돈이 많아도 그 집착이 돈에 붙어 있는 자는 천국에 가지 못하고 그 가짐에 그 많은 허를 다 물리치기가 한없이 힘이 든다. 허의 마음이 부자인 자는 낙타가 바늘구멍 통과하는 것보다 더 힘이 든다.

순천자는 흥하고 역천자는 망한다의 뜻은

순천자란 하늘의 뜻대로 사는 자라 순리의 삶 살아 막힘이 없어 흥하고, 역천자는 자기의 가짐의 집착으로 사니 망한다. 순천자는 산 자라. 역천자는 죽은 자라. 산 자는 사는 삶에 더함만 있고 죽은 자는 사는 삶에 뺌만 있다.

산 자는 지혜자라 순리의 삶 살아 막힘이 없고 그냥 살아 흥함만 있다. 죽은 자는 그 망념이 죽어 있고, 죽어 있는 망념이 산 줄 아나 참 지혜가 없고 순리이지 않아 막히고 결과가 없는 삶 살고 죽음이라.

순천자는 그 삶에 맑은 지혜 가진 자라 대휴하면서 저절로 흥하는 법이라. 역천자는 자기의 죽은 의식에 그 속에 든 죽은 지혜 가져 망한다.

순천자는 참의 나라에 재물을 쌓아 날이 갈수록 그 나라에 흥함만 있고 역천자는 자기 위해 땅에 재물을 쌓아 참인 나라에는 없어 망하는 법이라.

마음의 정의와 유무

사람의 의식 속에 있는 것을 마음이라고 한다. 그 마음이 참이 아닌 집착의 자기의 마음 가진 자는 실이 없는 망념의 허된 마음이라. 사람 속에 참인 우주의 본래의 신을 가진 자는 진리 자체라. 이것이 참마음이라. 흔히들 마음이 없다고 말하는 이는 자기가 없으니 그 마음이 없다고 이야기하나 참마음은 우주 이전 우주 전체라.

우주란

우주도 몸과 마음이 있어 그 몸과 마음으로 다시 난 자라야 아는 것이라. 그 자체가 된 자만 아는 것이라. 그것은 없다는 마음 너머에 있는 무진장의 세계요, 여래장의 세계요, 하나님의 나라라. 이 나라와 하나가 되어 다시 난 자가 신의 자식이라.

‘마음은 없다’고 하는 자는 자기를 다 버리지 못한 자라

‘마음은 없다’고 하는 자는 자기를 다 버리지 못한 자라. 대해탈 대자유를 못 얻은 자요, 천국 나지 못한 자라. 자기에 묶여 전체인 신으로 의식이 전환되지 못한 자라.

신인 참마음만 가진 자는 자기가 일체가 없고 자기가 신으로 전환이 되어 다시 나니 해탈이라 대자유요, 죽음이 없고 생사일여 극락이고 영생천국이라. 살아서 이미 천극락 나서 사니 이 땅이 불국토요, 이 땅이 천극락이라. 이 땅에 살던 삶이, 죽음이 없어 몸이 없어져도 그냥 이 땅에서 신인 영혼으로 영원히 사는 것이라.

이 자리가 생명 창조의 자리요, 이 자리가 부활되는 자리요, 이 자리가 살아 있는 하나님을 보는 자리라.

천국과 지옥의 차이는 산 나라가 천국이요 지옥은 죽은 나라라. 천국은 자유의 나라요 지옥은 갇힌 나라이고, 천국은 진리인 빛의 나라요 지옥은 망념인 빛이 없는 나라라. 사람의 의식이 가장 높고 가장 넓은 신이 된 자가 사는 나라가 천국의 나라라.

진리로 가다가 마음수련을 떠난 자는 진리로 못 가는 이유는

사람들은 자기가 있어 마음수련 과정에서 얻은 만큼의 진리를 자기가 잘나 얻은 것으로 착각을 한다. 이런 사람은 이 자리를 알게 하여준 마음수련회에 감사하는 큰 마음이 없었다. 사 단계를 통과하는 데에는 시간이 많이 필요해 중도에 포기하는 자가 많다. 그냥 죽고 버리라고 하니 그 방법을 다 안 것으로 착각을 하는 것이다.

이곳에서도 공부를 넘기지 못하는데 혼자 해보려고 간 사람은 잘해야 제자리이고 이루지 못하는 것이라. 마음에 이미 자기의 가짐의 집착과 아상 가지고 있으니 공부해도 되지 않는 것이라. 개체의 아상인 마귀가 더 강하고 더 잘나서 가장 지고하고 가장 큰 진리를 담을 그릇이 없음이라.

강사의 지도를 받고 힘들 때마다 그 가르침에 따르다 보면 의식이 깨어지는 것이라. 닦일 만큼의 시간이 필요하고 한 단계를 깨치는 것에도 작은 것들이 부수어짐과 동시에 큰 것이 깨어지는 것이라.

사람은 자기가 가진 마음이 죄로 워낙 단단히 묶여 있어 비유컨대 금강석보다 더 단단하여 그냥 시름없이 깨다가 보면 깨어지는 것이라.

결국 일심이지 못하면 뜻 못 이루고 가지 못한다. 그 망념인 마귀가 강하고 힘이 센 자는 진리에 갈 수가 없어 기독교에서 죄인은 천국 날 수가 없다고 한 것이고 불교에서는 업이 두터운 자가 이루지 못한다고 한 것이다. 증산선생은 못 앉을 자리에 앉은 자는 신명이 끌어낸다고 했다. 이 말은 그 망념이 신과 거리가 멀어서 그 망념 가지고 신명이 못 되니 신명의 자리에서 끌려 나간다는 말이라.

5, 6, 7, 8단계도 버리는 방법이 각각 달라 필히 이 방법이 아니면 수천 명이 한 단계도 가지 못하였다. 한 단계를 깨치고 그 단계에서는 완성을 이루어보려고 해도 자기가 부족하여 그 자리라. 사람들이 가지 못하는 문을 한 문 한 문 열어주어 완성에 이르게 한 것이라.

완성인 8단계가 되지 못하면 궁금하고 의문의심이 있고 부족함이 있고 모르는 것이 있고 망념이 있다. 완성이 되지 못하면 완성이 안 됐음을 자기가 아는 것이라. 완성자는 궁금한 것이 일체가 없고 의문의심이 없고 부족함이 없고 모르는 것이 없어 망념이 일체 없고 다 이룬 자라. 우주의 원래 신으로 살아 있는 하나님 부처님 나라인 천극락에 나서 사는 것이라.

마귀란

마귀란 진리와 하나가 되지 못한 자가 마귀라. 사람들은 마귀라는 존재가 따로 있는 줄 아나 망념 가진 죄인이 마귀라. 선천의 천상에는 진리가 완성되지 못한 가짐의 신이 있었다. 이 신이 하늘나라에 살고 있었으니 너 나가 있고 지위가 있고 높고 낮음이 있었다. 우리의 마음 이전 자리에 그 신이 있었으니 세상에도 너 나가 있고 높고 낮은 지위가 있었다. 그것이 우리 마음의 근원에 있었으니 이 땅도 마귀의 세상이라.

이 땅의 사람들이 우리로 살지 못하고 너 나가 있고 돈과 사회 지위 여하에 따라 인간의 가치 척도를 판단하는 마귀의 세상이라. 완전 신이 아니라 생명을 줄 수가 없어 세상은 집착인 가짐의 세상이 되었다. 그래서 마귀의 세상이 되었고 그 가짐인 집착으로 인하여 사람도 마귀가 되어 있는 것이라.

그 마귀를 하늘나라에서 쫓아내고 이 땅에서도 쫓아내어

하늘과 땅, 사람이 하나가 되는 것은 자기의 망념인 마귀를 쫓아내고 하늘과 땅, 사람이 하나가 되어 지상천국이 건설되고 사람이 천지의 주인으로 다시 나는 때라.

마귀란 자기가 마귀라. 천지 담은 자기 속에 가진 수만 가지의 망념 자체로 하늘의 자식이 못 되고 있는 것이라. 신의 나라가 마귀를 쫓아내고 그 마귀가 다 죽으면 나 속에 하늘나라가 건설이 되고 나 속에 하늘이 있어 나는 진리라 죽지 않는다. 이 마귀가 죄인이고 이 마귀가 죽음이라.

이 세상도 나가 있어 있다

이 세상은 그냥 있으나 나라는 개체가 있어 그 개체가 아는 것이 신이라. 나가 있어 우주라는 것이 있는 것이라. 우주라고 알고 우주가 나 속 있음 아는 것도 우주인 나가 있어 아는 것이라. 나로 인해 세상이 있다.

참마음

참마음은 무게도 없고
참마음은 가짐도 없고
참마음은 천지 자체라
참마음은 우주라
참마음은 시간이 없고
참마음은 그냥 존재하고
참마음은 스스로 존재하고
참마음은 우주의 정신 자체라
참마음은 생로병사가 없고
참마음이 신이라
참마음을 가진 자가
의식이 깬 자이고 신이라

참마음 자체가 개체의 의식이 된 자는 마음이 곧 의식이고 그 의식이 신이라 산 자는 죽지 않는다. 산 자는 영생천국 나서 산다. 산 자는 죽음이 없고 산 자는 살아서 죽은 자라. 자기가 없고 진리로 다시 난 자라. 순리로 삶 살고 중생구제와 하늘 일을 하는 자가 산 자라. 산 자는 산 나라에 살아서 그 기쁨이 한량이 없고 감사의 마음 가지고 하늘 뜻으로 산다. 하늘 뜻은 하늘나라에 복을 쌓고 사는 것이라.

사람은 마음에 의하여 사는데 참마음 가진 자는 살아 있는 나라에서 산 의식으로 삶을 사니 산 자이고, 산 자는 산 자의 나라에 하늘 일을 하여 그 나라 복 쌓는다. 그 복은 산 것이라. 그 복은 자기 것이라. 산 나라에서는 그 복으로 산다. 복이 많은 자는 그 나라에 변치 않고 살고 그 나라의 영광이 자기의 영광이라.

하나님을 본 자는 죽는다는 뜻은

하나님은 사람이 볼 수가 없고 하나님을 본 자는 죽는다. 하나님은 죄인인 사람의 눈에는 안 보이고 하나님은 가장 지고하고 가장 크신 분이시라 사람의 의식이 가장 지고하고 가장 클 때 볼 수가 있는 것이라.

자기가 묶어놓아 죄인이 된 자기의 관념과 관습을 다 버릴 때 하나님이 나 속 있음을 알 수가 있는 것이라. 그 하나님을 본 자는 자기의 개체는 죽고 하나님의 아들로 다시 나는 것이라. 그래서 하나님을 본 자는 죽는다고 한 것이라.

'나는 성전을 삼 일 만에 다시 지을 수 있다'고 한 뜻은

사십 년 동안 짓던 성전을 '나는 저 성전을 부수고 삼 일 만에 짓는다'고 한 것은 예수님이 하나님의 아들이라 전지전능하여 그렇게 짓는 줄 아나, 이 말씀은 나의 죄를 다 사하여 나 속에 하나님을 모시면 이 몸이 성전이라는 말씀이라.

예수님도 주여 주여 하는 자마다 천국에 날 수가 없다고 하셨다. 말씀을 행하는 자가 날 수 있는 것이라. 하나님은 여기 있다 저기 있다가 아닌 나 속에 있는 것이라. 죄인인 나의 지금의 고정관념 관습을 깬 자가 성전이고 천국에 날 수가 있는 것이라.

예수님이 '다 이루었다'고 한 뜻은

다 이루었다는 것은 완성이 되었다는 뜻이라. 완성은 완전하게 이루어진 것이라. 이루어진 것은 신이 된 것이고 죽지 않는 것이라. 이 말씀은 신과 완전히 하나가 되었다는 뜻이라. 진리에 다 바쳐 십자가에서 돌아가신 예수님은 하나님 자체만 남아 진리로 다시 부활하였다는 뜻이라.

진리는 만고의 하나님이 진리라. 그 하나님만이 영원히 사는 것이라. 하나님으로 다시 난 자가 부활이라.

이 몸은 없어지는 것이 진리라. 별, 달도 수명이 있고 지구도 수명이 있는 것이라. 하나님 나라는 사람의 의식이 하나님이 된 자가 이 땅에서 영원히 사는 것이라. 물질인 지구가 없어져도, 물질인 사람이 없어져도 하나님인 지구 만물 일체와 사람은 그 영혼이 하나님인 진리라 영원히 사는 것이라. 이것이 깬 자요, 이것이 산 자요, 이것이 다 이룬 완성자라.

교육

교육은 가르쳐 육성하는 것이다. 지금의 교육은 가르침이 현실의 생에 필요하고 그 생에 적응하여 계발하고 잘 사는 것에 초점을 맞추어 하고 있으나 그 교육으로 생산성이 있는 것도 있지만 뒤떨어진다.

인간성 교육의 결여로 인해 개인 중심의 자기밖에 모르는 것이 교육의 실태다. 너의 나라 나의 나라가 있고 너 나가 있고 하나이지 않다.

완성된 교육은 전인(全人) 교육이다. 사람들이 전인 교육을 지덕체예(智德體禮)라고 말만의 표어를 붙이지만, 본래 뜻은 그것이 아니고 사람들은 그 의미 모른다.

중국에서는 전인을 지인용(智仁勇)이라고 한다. 그러나 그것은 전인이 아니다. 전인이라고 하면 사람이 완전한 것을 의미한다. 완전하다는 것은 진리만이 완전한 것이다. 그 진리가 되게 하고 진리가 되어서 각 분야 연구를 하면 완전한 진리의 학문이 다시 재정립된다. 그것은 누구나 쉽게 배울 수 있고 진리이지 않은 망념의 학문을 배우지 않고 발전과 실만 존재하여 지금보다 훨씬 잘 사는 세계가 될 것이다.

진리라는 것은 죽지 않기에 죽지 않는 학문은 살아 있어 이 땅에서 살아가는 그 자체가 그냥 학문이 되어 완전한 삶이 학문이 된다. 인간의 정신과 몸에 병이 없고 모두가 지옥고의 학문을 하지 않아도 되고 필요 없는 학문으로 인해 에너지를 쏟지 않아도 되고 인간성을 회복하고 인간답게 삶 사는 것을 배워 자기의 전공도 진리의 대안으로 하면 쉽고 완전한 학문이 된다. 진리가 된 자는 학문을 재미로 할 수가 있다.

교육의 최상은 전인 교육이 먼저이고 그 위에 완성된 전문 분야만 교육하면 이렇게 많은 시간을 들이지 않아도 완전 교육을 할 수가 있다.

자기 능력 가진 만큼 줄 수가 있고 자기의 능력 가진 만큼 가르칠 수 있다

자기 능력 가진 만큼 줄 수가 있고 자기의 능력 가진 만큼 가르칠 수 있다. 나는 한량없는 진리를 사람에게 가르치려니 사람의 시비분별이 많았던 것 같다. 중국 소림사에 가면 소림사의 검법을 가르친다. 어떤 불 뿜는 사람이 있다고 하면 그 사람에게 가면 불 뿜는 것을 배울 수 있다. 예를 들어 날아다니는 사람이 있다고 하면 그 사람에게 가면 날아다니는 것을 배울 수 있는 것이라. 산신도사라고 하는 사람에게 가서 배우면 그 사람이 산신도사라 그 점을 배울 수가 있는 것이라.

마음수련회에 오면 마음 닦는 방법으로 진리가 될 수가 있는 것이라. 분명히 마음수련회는 진리를 가지고 있어 줄 수가 있는 것이라. 또한 진리를 가지고 있기에 가르칠 수가 있는 것이라. 진리인 자라야 진리로 가는 길을 가르치는 것이 당연한 것이라.

세상에 다녀간 성인들도 예수님은 진리의 말씀을 성경으

로 남겼고 붓다도 진리의 말씀을 불경으로 남겼다. 모두가 자기의 그릇대로 영어 선생은 영어를, 국어 선생은 국어를, 진리 선생은 진리를 가진 만큼 줄 수가 있다.

세상에 도인이라는 사람이 수없이 많다. 우리가 사는 계룡산만 하더라도 자칭 도인이 많이 있다. 참 도인은 만고의 진리인 우주 이전의 자리인 신인 자라. 그 자체가 아닌 자는 이 진리를 줄 수도 가르칠 수도 없는 것이라. 그것을 가지고 있기에 주고 가르칠 수 있는 것이라.

격암유록에도 천 마리의 닭 중에 하늘 새인 봉황이 한 마리 있다고 했다. 이 말은 천상의 도인 중 하늘 새인 진리인 자를 이야기한 것이라.

마음수련회에서 배우는 자는 참마음 찾아간다. 참마음 가지고 있기에 가져간다.

인간 완성

인간이 완성된다는 것은 인간이 신이 된다는 것이라. 신은 영원불멸 죽음이 없고 그대로 있는 것이 신이라. 인간 완성은 사람이 완전하게 이루어진다는 뜻인데 사람이 완전히 이루어지는 것은 그 사람이 영원불멸의 죽지 않는 신으로 화하는 것이라.

신 된 자는 신의 나라에 신의 뜻으로 모두가 불국토 천극락에 나게 하고 불국토 천극락에 산다.

살아서 완성된 자가 이 땅에서 살다 몸 없어져도 하늘나라에서 사는 것이 인간 완성된 것이라.

완전 세계에 가야 천인지가 완전함이라

완전의 세계는 죽음이 없고 살아 있는 나라가 완전 세계라. 이 나라는 신의 나라이고 에너지 자체이고 에너지의 근원이고 없어지지 않는 에너지라. 이 나라에 천인지가 다시 나야 완전함이라.

완전은 죽지 않는 것이고 완전은 완성이 되어 그대로가 진리라 영원히 있음이라. 세상도 완성이 되면 있음이 완성되어 그대로 영원히 있음이 완전함이라. 실체인 그 형상의 주인인 영혼이 부활되어야 완전 세계가 이루어진다.

지옥도 환이고 천국도 환이라는 뜻은

지옥은 죽은 나라요, 천국은 살아 있는 나라라. 살아 있다는 것은 그 자체가 생명이 되어 살아 있는 것이라. 지옥은 망념의 환이고 천국은 실의 나라라. 무정을 깨친 자는 실을 몰라 천국이 환이라 한 것이라. 있음의 일체가 살아야 우주는 완성이 된다. 사람이 살아야 우주가 완성된다.

마음은 무가 아닌 유라
그 유가 있어 천지가 있는 것이라

마음은 무(無)가 아닌 유(有)라. 그 유가 있어 천지가 있는 것이라. 그 유인 살아 있는 참마음 가진 자가 천국 살고 참마음이라 죽음이 없다. 우주가 마음이라. 그 우주 있듯 우주는 정과 신으로 된 것이라. 나가 일체 없고 순수의 신으로 난 자가 그 마음이 없다고 하는 것은 자기의 마음이 없어 대심(大心)인 우주의 심이 있다는 것이다. 그 심은 하나님 부처님의 심이라. 일체가 없고 그냥 있고 일체가 끊어진 마음이나 그 마음속에는 우주의 몸 마음인 정신이 있어 부처님 세상이고 하나님 나라라. 다 버린 자만 이 자체가 되고 다 버린 자만 영생천국 나서 산다.

생명의 책에 기록된 자만 천국 간다

생명이란 신밖에는 생명이 없다. 사람의 의식이 생명의 신된 자가 생명의 책에 기록된 자라. 죄사함을 다하여 그 생명 자체가 된 자가 영원히 살고 영원불변의 그 나라 산다. 생명의 신이 의식이라. 그 의식이 만고불변의 생명의 신으로 난 자는 신에게 기록된 자라 사는 것이라. 천국 간 자라.

개천(開天)에 용(龍) 난다

하늘이 열리는 곳에 용 난다. 하늘 나는 용은 하늘에 승천하여 사는 희귀 동물이라. 하늘과 땅의 연결이 가능한 것이 용이라. 하늘과 땅을 하나 되게 하는 용이 난다는 것은 희귀 사람이 난다는 것이라.

만고의 진리가 우주 이전의 우주라

만고의 진리는 우주 이전의 우주라. 삼라만상도 이 자리에 가야 완성이 되고 영원히 산다. 우주 이전의 자리를 경(經)에서는 하늘이라 이름 붙였고 하나님의 나라 부처님의 나라라고도 했다.

이 나라는 그냥 있는 완성된 나라라. 이 나라는 하나님이 천지를 창조하기 이전부터 있었고 세상이 없어져도 영원불변하는 진리의 나라라. 하나님은 이 나라에 삼라만상을 낼 때 완전하게 나게 하였다. 사람만이 죄업으로 모두가 죽어 있어라. 사람을 그 죄를 벗게 하여 완전한 참의 나라에 나게 하여 눈물과 고통이 없고, 사는 삶이 신명이 살아 신명이 나게 사는 나라라.

있는 일체가 산 자는 이 세상이 하늘나라요, 완성이 된 자는 몸이 없어져도 하늘나라인 이 세상에서 영원 영원히 사는 것이라. 개체 자체가 산 자는 자기의 죄로부터 벗어나 신의 자식으로 거듭나서 그 자체가 된 사람이 신이라. 그 자체가 신이라 죽음이 없고 그냥 살고 자유라 해탈이라.

삼라만상의 일체가 그냥 사는 것은 그 죄가 없어서라. 그 죄가 없다는 것은 선이다 악이다 하는 자기의 틀이 생기지 않아서라. 그 자체가 없는 것은 그냥 사는 것이라. 천지의 일체는 모두가 다 살아 있으나 죄업으로 인간만이 죽어 있으니 사람들아, 죄사함하여 영원불변의 진리의 화신으로 다시 나서 하나님이 창조하신 하늘나라에 가서 살자. 모두가 하나인 그 나라에 모두가 하나로 살자. 영원 영원히 사는 꿈 같은 현실은 죄업 벗은 자만이 갈 수가 있고 살 수가 있다.

하늘나라

수많은 사람들이 하늘나라 가기를 희원해 왔고 그 하늘나라가 저 먼 하늘 속 있다고 모두가 상상해 왔다. 그 하늘나라는 나 속에 있고 그 하늘나라는 전체인 무한대 우주 자체이나 그것은 나의 마음이 무한대 우주 자체일 때 그 하늘나라에 갈 수가 있는 것이라. 그 나라는 낙타가 바늘구멍을 통과하기보다 힘든 나라라. 사람이 가지 못하는 나라라. 사람이 죄의 짐이 너무나 커서 그 나라에 들지 못한다. 하늘나라는 나 속에 있고 하늘나라는 나가 주인이라. 하늘나라는 시비분별이 없는 나라라. 나의 죄 짐을 다 벗은 자가 하늘나라 살 수가 있다. 죄란 자기가 죄인이라. 자기라는 살았던 삶과 몸을 하늘에 다 바친 자가 천국나라 살 수가 있다. 다 버려 참을 다 가지는 이치는 나가 없으면 우주가 나라. 그 나가 된 자는 우주의 신 자체라. 죽음이 없고 신 자체로 영생하고 천국나라 가지고 사는 것이라.

의인의 삶은

나는 의인이 아니고 오로지 하나님만이 의인이라는 예수님의 말씀처럼 의인이란 자기가 일체가 다 죽어 하나님 자체로 다시 난 자가 의인이라.

인간은 자기 없어지면 없어지는 줄 아나 인간이 없어져도 영원불사의 우주는 남아 있어라.

살아서 자기의 망념을 다 벗은 자는 참인 하나님인 우주 자체의 의식으로, 그 하나님의 자식으로 다시 나 하나님의 나라에 살고 그 하나님의 나라에는 부족함이 없다. 죽어 있고 살지 못한 중생 세계에 그 고통의 중생 구하고 하늘나라에 복 쌓는 것이 의인이 하는 행이라.

그 마음이 없어 의식이 완전함 된 자만이 할 수가 있고 중생 세계를 완전히 떠난 자만이 할 수 있다. 내 정신이 완전했을 때 의인이라. 의인이 아닌 자는 정신이 병든 자라.

죄사함이 신이라

마음은 거짓마음이 있고 참마음이 있다. 거짓마음이란 자기가 산 삶이고 거짓마음이란 자기의 몸이라. 자기의 업습이, 거짓마음이 그 업습으로 자기를 묶어 사는 것이라. 이것이 죄인이라.

그 업습을 버림이 죄사함이나 같은 말이라.

죄 때문에 자기가 묶여 살기에 그 죄를 벗으면 참마음을 찾는 것이라. 인간의 죄는 원죄와 자범죄가 있는 것이라.

원죄란 자기가 태어남과 동시에, 인간 시조부터 선이다 악이다 분별하여 그것을 자기 속에 넣음과 동시에 원죄가 있어 우리의 조상이 죄인인 마귀라. 마귀가 낳은 자식이 마귀라. 그래서 원죄가 있는 것이라. 내가 살아온 삶이 자범죄라.

이것을 벗어던지면 참마음이 나타나는 것이라. 그 참마음은 신의 나라라. 신의 나라이고 신 자체라. 그것은 우주 이전이고 그 자체의 몸과 마음인 정과 신이고 성령 성부라. 보신불 법신불이라. 이것이 우주의 몸과 마음이라.

신이 된 자는 영원불변의 살아 있는 에너지 자체라.

그것이 신이라 영원히 살고, 신이라 신의 나라인 천국에 영원히 산다. 마음이라고 하는 것은 사람 속에 있어 마음이라 하지만 사람의 마음이 없어지고 신이 되어야 참마음 가진 자라. 마음 너머에 신이 있고 신으로 다시 난 자가 그 마음이 신이라 신으로 영생불사하고 사는 것이라.

깨침이란 하나님 소리라

깨침이란 나 속의 참마음이 깨어나는 것이고, 깨침이란 나의 의식이 깨어져서 아는 것이고, 깨침이란 나 속의 하나님이 응답을 주는 것이고, 깨침이란 나의 마음인 의식이 크고 높아갈 때 그 마음이 넓고 높아진 만큼 아는 것이 깨침이라. 죽은 의식인 마음이 깨어나는 것이고 마귀에 가려 죽은 나의 의식인 마음이 그 사슬에서 벗어나니 하나님이 나타난 만큼 하나님의 음성을 듣는 것이라. 의식인 마음이 죄로부터 풀려나니 자유 된 만큼 하나님의 응답 듣는다.

하나님의 응답은 죄 닦아 하나님과 하나가 될 때 된 만큼 나 속 하나님이 가르쳐주어 마음에 가진 만큼 입으로 대답하는 것이라. 이 말은 참인 진리에 도달된 만큼 이것이라고 나의 마음의 입이 말하는 것이라. 참마음이 알아서 안 만큼 가지니 수용하는 것이라.

깨침이란 참 기도는 죄사함이라, 죄사함한 만큼 그 죄가 풀리니 자유가 된 만큼 자유를 아는 것이라. 나의 주인이 하나님이라 닦아진 만큼 나 속 하나님께서 대답을 하여주는 것이라.

죄사함을 다한 자는 다 깨친 자라 궁금함이 없고 막힘이 없고 자유 중 자유라. 일체가 끊어진 자리고 공이라는 낱말 이전의 마음으로 화하여 죽지 않고 여여한 우주의 신인 하나님 그 자체의 마음이라. 항시 그 마음이라 번뇌가 일체 없고 일체 가진 마음조차 없으나 일체 가져 마음이 부자라. 부자라야 부족함이 없어 번뇌가 없고 다 이룬 자라. 완성이 되어서 죽지 않고 살아서 이 땅이 천극락이고 살아 있는 신만이 사는 자는 몸이 죽어도 그냥 신의 나라 살고 중생구제 하늘 복 쌓는 자가 참 깨친 자라.

하는 행이 모두가 하늘나라 복 쌓는 일이라. 그 복으로 하늘나라에 세세 영생토록 사는 것이 꿈 아닌 현실이라. 꿈인지 생시인지 그 환희가 한량이 없어라. 다 깨친 자는 하늘나라 살고 하늘나라의 일 하고 산다.

신과의 대화는 자기 것 아니나 완전 신이 되는 것은 자기 것이고 그 자체가 일체를 안다

신이란 우주 이전의 우주다. 우주 이전의 우주는 만고의 진리다. 만고의 진리는 정과 신이고 보신불 법신불이고 성령과 성부이고 성령이란 존재는 만상을 그 형상으로 나타나게 하는 것이다. 성부라는 존재는 신으로 만상의 마음인 신이다. 인간에게 몸 마음이 있듯 만상의 근본에도 몸 마음이 있다. 그 몸과 마음이 성령과 성부다. 나의 몸과 마음을 없애고 원래 존재하는 무한대 우주 이전의 우주의 몸 마음으로 거듭나는 것이 인간 완성인 신 된 자라.

신 된 자는 자기가 신이기에 대화가 자유자재이고 신의 세계를 모를 것이 없어진다. 사람이 이렇게 대화하고 알아야 완성된 것이라.

일반적으로 사람이 완성되지 않고 신과의 대화는 자기중심적이고 자기의 망념의 근원이 신이라고 가정되어 자기의 말 하는 경우가 거의다. 이럴 때 시간이 지나 보면 그것이 사실이 아님을 알 수가 있다.

마음수련회의 초창기에는 일 단계만 한 많은 사람들을 있음의 실상세계인 신계에 신과의 대화를 하게 하였으나 결국은 자기가 아는 만큼 질문의 답이 나오고 자기의 망념의 소리가 나와서 그것을 하지 않고 사람이 신 되게 하는 것만 하였다.

신은 가장 지고하고 가장 낮고 신은 가장 넓고 가장 크고 그 신의 의식으로 사람이 난 자는 신 자체라. 자기가 신이라 대화가 필요 없고 일체를 알 수 있는 것이라. 완전한 형체가 있는 신의 세계는 일반인이 갈 수가 없고 또 영안이 맑은 자가 간혹 볼 수 있으나 자기중심의 생각에서 질문하면 자기중심적인 해답이 나온다. 자기가 다 신께 바쳐 신이 되면 바르게 일체를 알 수가 있다.

2장

어떻게 해서 진리가 될 수 있을까
왜 진리에 다다르지 않으면 안 되는가

어떻게 해서 진리가 될 수 있을까.

왜 진리에 다다르지 않으면 안 되는가.

첫째, 우리는 진리라는 것부터 알아야 한다. 진리가 무엇인가? 우리는 진리를 영원불변한 것이라고 배워왔다. 그러나 그 영원불변한 존재가 무엇인가? 이 우주에서 생각해 보기로 하자. 이 우주는 무한대라 그릴 수가 없지만 이렇게 그려놓고 생각하여 보자.

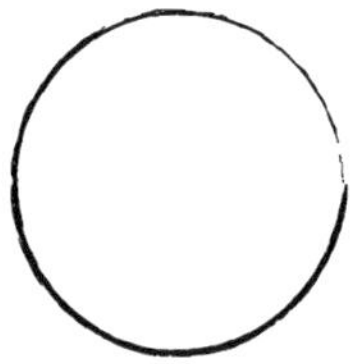

이 우주의 하늘에는 별 태양 달과 지구가 있고 지구에는 사람이 있다. 보는 대로 듣는 대로가 진리이듯 보는 대로는 이것이 우주의 전부이다.

하늘에는 별 태양 달과 지구가 있는데 우리가 이렇게 한번 생각하여 보자.

영원 영원 영원 전에 이 별 태양 달과 지구와 내가 살았다고, 타임머신을 영원 영원 영원 전전 과거로 돌려놓고 생각하여 보자. 과학자들은 우주의 별들의 수명을 50억 년에서 140억 년이라고 말한다. 그렇다면 이 우주에 별 태양 달 지구와 우리는 벌써 없어졌을 것이다. 영원 영원 영원 전에 비하면 이 별 태양 달 지구와 우리는, 140억 년은 아무것도 아니니까 다 없어졌고 우주에는 순수우주 허공만 남았을 것이다.

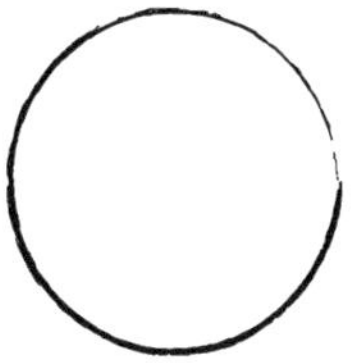

이 자체를 영원 영원 영원 전부터 지금까지 경도의 도수로 불에 태웠다고 가정을 해보자. 그러나 이 존재는 그냥 존재할 것이다.

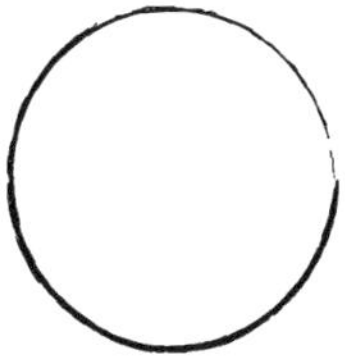

무한대 우주 이전 우주인 이 허공이 진리인 것이다. 이것은 시작도 없고 끝도 없는 영원 영원 전에도 있었고 영원 영원 후에도 있는 살아 있는 존재다.

무한대의 이 하늘도 우리가 몸과 마음이 있듯이 몸 마음이 있다. 몸은 일체가 비어 있는 것이고 마음은 없는 곳이 없게 일신으로 이 우주에 있는 것이다.

우리가 이 우주의 신을 보지 못하는 것은 인간은 자기의 중심적인 집착된 마음으로 자기 모양만한 마음에 우주의 몸과 마음인 대영혼을 보지 못하는 것이다. 또 알지 못하고 되지 못하는 것이다. 이 대영혼이 되어봐야 보고 알고 또 될 수가 있는 것이다. 사람은 자기중심의 집착된 죄로 인하여 진리와 하나가 못 된다.

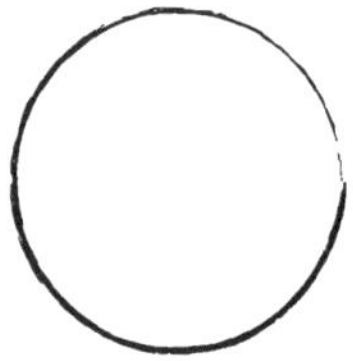

이 거대한 영혼이 창조주인 것이다. 하늘의 별 태양 달 지구와 만상만물, 또 우리를 이 거대한 영혼이 창조하는 것이다.

우리가 과학시간에도 우주의 별 태양 달 지구와 우리가 우주에서 나왔다고 배우지 않았는가. 이것이 진리의 영과 혼인 것이다. 사람이 이 진리의 존재인 영과 혼으로

되돌아가지 않고는 영원히 살 수가 없는 것이다. 이 자체인 대영혼이 되는 방법은

이 우주의 자기중심적인 인간의 마음을 버리고 그 마음을 담은 이 몸마저 버리고 망상의 우주마저 버리면

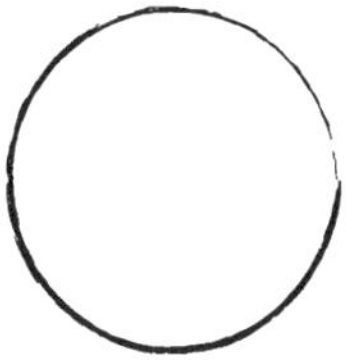

이 자체만 남는다. 나의 마음이 이 자체가 되어 다시 나면 이것이 신의 아들로 다시 난 것이고 이것이 부활이고 영생인 것이다. 이 자체가 나 자체라. 나가 진리 자체라.

이 자체로 다시 나서 전체가 나요, 개체가 전체라 진리인 불사신이 되어 사는 것이다.

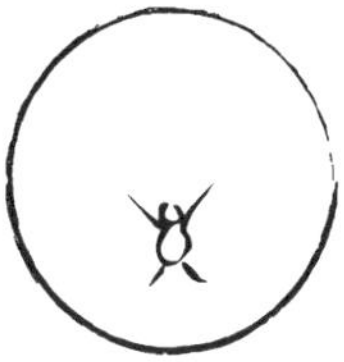

천국이란 진리인 우주의 대영혼이 된 자가 가지는 것이라. 자기만한 사람의 마음이 우주의 대영혼만큼 큰 자가 영생이고 천국이 있는 것이다. 그 자체가 되기 위하여서는 이 마음공부로 마음과 몸을 버리고 우주

마저 버리고 우주의 진리인 대영혼 자체가 되어 영원불사신이 되어야 인간 완성이 되는 것이다. 성경 불경과 모든 경은 이 자리에서 보고 이야기한 것이다.

천국과 지옥의 차이는 천국은 우주의 진리인 대영혼 자체가 사는 나라이고 지옥은 자기가 살아온 산 삶에서 경험한 그 자체만 알고 그 그림자의 마음이 시키는 대로 사는 삶이 지옥인 것이다.

이제 진리를 알았듯이 또 지옥 천국을 말하여 보겠다.

어젯밤에 나는 전쟁하는 꿈을 꾸었다. 아군과 적군이 싸움을 하는데 나의 군사인 아군은 다 죽고 적군만 다 살아 있어서 나는 도망가기로 하였다. 저쪽 50마일 밖에 보이는 산을 넘으면 나는 살 수가 있다고 생각을 하여 꿈속에서 나는 도망가기로 마음을 먹고 왼쪽 다리에 총알을 맞고 절룩거리며 산을 향해 달려갔다.

꿈속이라 꿈인 줄 모르고 그 힘든 꿈을 꾸어야 했다. 총알이 퍼붓는 꿈을 그대로 그 속에서 밤새 꾸고 나는 50마일 산을 넘으려고 하는데 적군이 나를 총으로 쏘아 나는 잠에서 깨어났다. 잠에서 깨어나니 전쟁도 하지 않고 있고 총알도 맞아 있지 않는 꿈은 허상 자체였다. 꿈은 있지만 실이 아닌 허상 자체이고 꿈은 있지만 없는 것이고 허라.

그 꿈과 같이 인간도 자기중심의 집착된 마음인 산 삶의 경험인 추억의 그림자로 살아가는 것이 꿈과 같은 것이다.

사람이 그 꿈과 같은 마음으로 살아가니 40년 동안 이런 마음으로 살아왔으면 90년 산다 해도 그 마음으로 살 것이고 죽어도 그 마음으로 살 것이다.

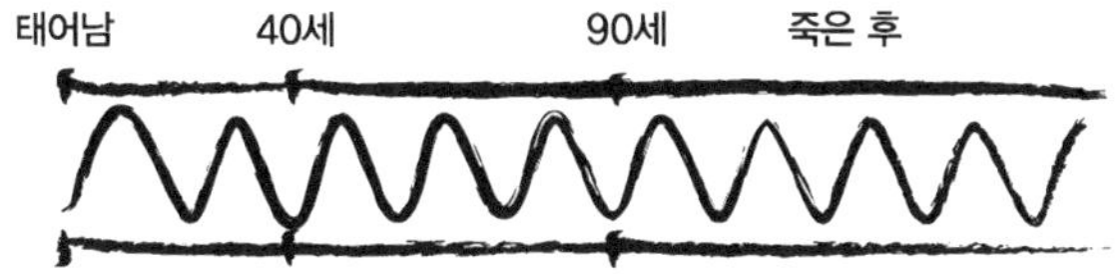

그 마음이 꿈인 것이라. 그것이 지옥이고 허상인 꿈과 같은 것이어서 꿈은 있되 없는 허상이듯 실이 아닌 허상에서 살 것이다. 인간이 실인 참으로 살려면 만고의 진리인 우주를 창조한 무한대의 영혼으로 다시 나지 않고는 살 수가 없다. 그것이 이 마음수련의 팔 단계 방법이다.

1과정	2과정	3과정	4과정	5과정	6과정	7과정	8과정
우주임을 아는 과정	마음 없음을 아는 과정	자기 속 우주 있음을 아는 과정	우주의 정신을 보는 과정	우주의 정신과 천국을 아는 과정	나가 없어 우주 자체의 정신이 되는 과정	항상 세상 사는 과정	세상 일 하는 과정
기억된 생각 버리기	자기의 상과 인연의 상과 자기 버리기	자기의 몸 버리기	자기의 몸과 우주 버리기	자기의 몸과 우주 버리기	자기가 없어져 우주 되기	허상세계인 사진세계와 그 속에 살고 있는 자기 버리기	

< 마음수련 8단계 방법>

나 자체가 이 무한대 우주의 영원불변의 영혼인 에너지 빛 자체로 거듭나기 위해서는

이 우주에서 나의 마음 몸과 우주마저 없으면

이 대영혼만 남고 이 대영혼이 나가 되어 다시 나면

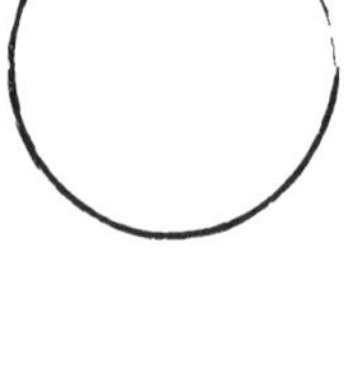

진리인 나 자체가 별이고 태양이고 달이고 지구고 만상이고 사람이어서 모두가 진리가 되어 영원히 사니 이것이 천국인 것이라.

이것이 마음수련 8단계 방법이다. 이것을 간단히 정리하면

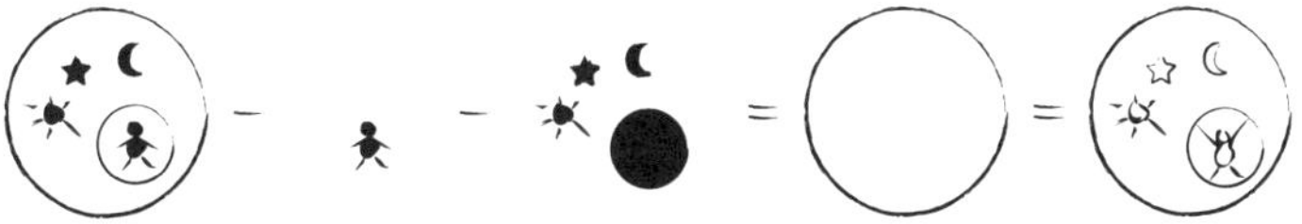

우주에서 내 몸과 마음을 빼고, 또 망념의 우주마저 없애면 허공만 남는다. 이 허공인 우주의 대영혼으로 내가 다시 나면 이것이 천국이고 영생인 것이라.

내가 현재 이곳에 있는데 만약 지진이 나 땅이 갈라지고 용암에 빠져도 이 우주는 그냥 그대로 있지 않는가. 그 우주가 내가 돼서 있으면 그 우주인 자기로 영원히 살지 않는가.

그것이 인간이 완성되는 것이고 모든 종교를 넘어가는 것이라. 인간이 신 되어 완전하여지는 것이라. 이것이 세상 너머의 세상이고 앞으로 미래의 초종교인 완전한 대안인 것이다. 인류는 하나가 되고 모두가 남이 나이라. 남을 위해 살고

영원불멸의 이 우주의 에너지와 빛인 영혼 자체라 죽음이 없이 영생불멸할 것이라. 인간이 이 세상 나온 이유는 바로 이 존재로 다시 나기 위해서라.

신은 원래가 완전하게 천지를 창조하였으나 인간이 자기의 망념에 죽어 있어 이것을 벗어나 완전한 창조주로 되돌아감이 이 마음공부이다. 우주의 영혼 자체는 살아 있어 큰 영혼의 지혜 자체가 되면 세상의 일체를 바로 보고 바로 알고 모두가 성인이 되니 진리인 참 세상에서 영원히 사는 것이라.

모든 종교의 완성은 바로 자기를 버리는 것이고 자기를 버리고 진리가 될 때 인간은 완성이 되는 것이다. 세상 사람들은 남의 탓하지 말고 죄인인 자기를 버려 진리가 되어 우주의 한때에, 완성된 자만이 하늘나라 살 때에 우리가 살아야 하지 않겠는가.

진리가 안 되면 꿈처럼 없는 허상 속에서 죽어 있는 것이고 진리가 되면 진리나라에서 진리가 된 내가 영원히 사니 이 마음공부는 죽고 살고의 기로에 놓인 것이니 이 세상에서 자기를 살리는 일보다 더 중요한 것이 있겠는가. 이것보다도 더 바쁜 일이 없을 것이다.

살아서 천국에 나지 않는 자가 죽어서 천국에 간다는 것은 믿을 수가 없고 또 가지 못한다. 살아서 내 의식이 우주의 대영혼과 하나가 되었을 때 그 나라가 영생이고 천국인 것이다. 살아서 그 천국에 나지 않은 자가 죽어 천국 간다는 것은 어불성설이다.

믿으면 천국 간다는 것도 그 마음속에 천국이 있을 때 믿어지는 것이다.

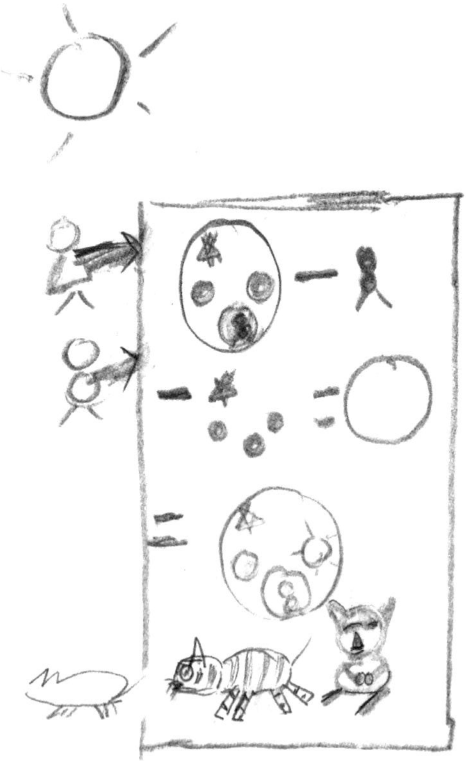

이방식으로는 갈수가 없어 돌때까지
곰처럼 있어야한다

3장
빛의 나라

세상을 밝히는 참마음의 시

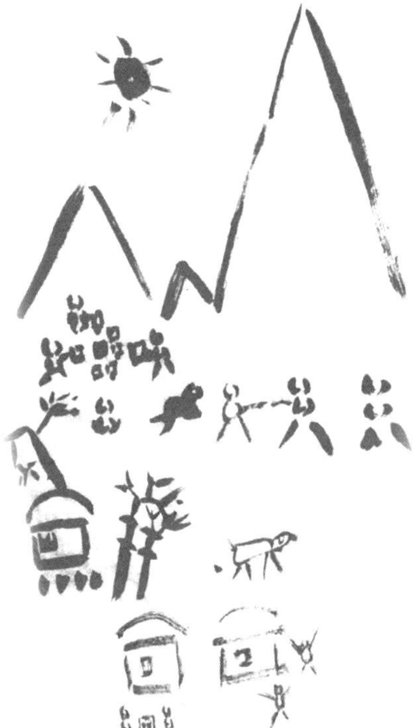

마음의 표상이 있음이라

비는 비라
구름은 구름이라
세상은 세상이라
수만 가지가 수만 가지라
모두가 그 자체인 삶이라
모두가 그 자체인 형상이라
나 속에 일체가 있어
나 속에 일체가 살아 있구나
그 자체의 표상이라
죽음이 없구나
그 자체의 마음이라
그 속에서 다시 나서 살구나
있음이 있음이라

쉬어 참 찾아 참으로 살자

피곤한 나그네여 쉬어나 가소
급히 간다고 갈 데가 없소
우리가 냉정히 생각을 하여 봅시다
세상에서 제일 중요한 것은
나가 왜 사는지의 참뜻도 모르고
가기만 간다고 갈 곳이 있소
고통 짐 진 나그네여
인간이 온 곳을 알고
사는 이유 알아
갈 곳 알고 사는 자가 잘 사는 이오
갈 곳도 모르고 그냥 그 삶 속에 살다가 가면
그곳이 지옥이고 죽음이오
살아 사람이면 갈 곳을 알아 가는 자가 지혜자요
허망을 잡고 참인 줄
철없이 귀신이 날뛰는 대로
삶 살지 마소
나를 뒤돌아보고

참 알고 참으로 살면
죽음이 없고 영생하고 천극락에 사니
그것이 최상의 복이요
그것이 최상의 잘 사는 것이오
그냥 철없이 날뛰다가 죽어도
지금 번뇌가 후일에도 그러하고
가진 것이 하나도 없고 허망만 남소
삶 사는 이여 삶을 버려보소
그 삶 버리면 참의 삶이 있소
사랑도 돈도 명예도 버려보소
그러면 참이 남아 참으로 되게 되어 있소
잘난 이는 잘나 버리지 않고
못난 이는 못나 버리지 않고
거짓의 나를 잡고
슬프다 서럽다 웃고 울고 하지만
모두가 허사요
세상이 밝아져서 이제는 모두가
살아서 천극락에 나서 사는 시대이오

천극락 나서 그냥 사소

사람들아 나에게 알려고 오지 마소
나는 아는 것이 없소
나에게 달라고 오지 마소
나는 줄 것이 없소
나에게 가서 얻으려는 생각하지 마소
얻을 것이 없소
나는 내가 없고 대우주라
나는 그냥 살고 그냥 있소
자유요 해탈이라 천극락 사오
자기 버려
자기 없어 우주 되어
다시 나 그냥 사소
거기가 천극락이오
천극락 삶 사는 것
그것만 아소

천국 삶

날아가도 가기는 간다만
모두가 내 안에 있구나
수만 가지의 고통도
모두가 나 속 있구나
중생도 나 속서 살고
죽어도 나 속서 죽구나

천지의 이치도 나 속 있구나
있는 형상의 일체도 나 속 있구나

나는 세상 살아도
세상 속에 살지 않고
나는 삶 살아도
그 삶 살지 않구나

천국이나 죽은 자는
지옥에 살구나

무덤에서 부활하라

구름 따라 가는 이는 구름 속 살고
바람 따라 가는 자는 바람 속 산다
종교 따라 가는 자는 종교 속 산다
사람은 지혜가 없어
그 환경 속에서 살아간다
그 속에서 갇혀 산다
그곳이 지옥이라
그곳이 사람이 죽는 곳이라
그곳이 무덤이라
그 속에서 빠져나와야 참의 이치를 알고
그 고통 짐을 지지 않는 것이라
자유 중 자유고 그냥 영세토록 산다

진리

세월 가도 세월 가도
나는 죽지 않고 그냥 살고
그냥 있고 그 나라에 산다
완전한 하나님 부처님 나라에 나는 산다
나는 빛이라 진리라 죽음이 없다
그대로인 진리 자체라
영원불변의 진리 자체라
무궁한 세월 전에도
나는 있었고
무궁한 세월 이후도
나는 있어
그냥 있다고 하는 것이라

사람만 죽어 있다

일체는 완전하고
일체는 살아 있구나
있는 것이 모두가 완전한 것은
모두가 신이라 완전하구나

하나님도 만상이고
없음 있음이 하나라
그 자체가 형상이 되어
살고 있구나
하나님 나라는 모두가
살아 있구나

천극락은 신의 나라이고 산 나라고
지옥은 망념의 나라고 죽은 나라라

천지 모두가 다 살아 있건만
사람은 죽어 있구나

망념을 버리고 정신 차려 살자

나의 망념 속에
나가 갇혀서
그 속에 나가 살았구나
나는 나가 없고 망념만 있어
그 망념이 죽은 것인 줄 몰랐구나
수만 생을 버리고 버려
나가 누구인지 정신을 차려
정신 나라에 삶 살고
정신 차려 사니
고통과 짐이 하나도 없구나
그냥 살아도 바쁘지가 않구나
쉬면서 살고 노래 부르며 살고
나가 없어 나 위해
살지 않고 있구나
모두를 위해 살구나

나가 죽어 진리라 신이라

다 죽었다는 것은
나가 없고 나의 관념의 의식마저
없어진 것이 다 죽은 것이라
사람의 몸과 마음이
다 없어진 것이 다 죽은 자라
자기라는 관념과 관습이
몸과 마음이라
없어지면 전체인 완전한
진리만 남아 있어라
진리란 없어지지 않고 그냥 있고
진리 된 사람도 마찬가지라
진리라 산다
그 자체는 영원불변의 나라라
하나인 것을 다 죽은 자는 가진다
우주로 난 자가
우주의 신 자체라
신은 영원불변하는 에너지 자체라

우리나라

우리나라가 하나의 나라라
우리나라가 모두의 나라라
우리나라가 진리의 나라라
우리나라가 생명의 나라라
우리나라가 부활의 나라라
우리나라가 천극락의 나라라
살아 있는 나라라

진리 나그네

남들은 자기가 먹고
자기의 행복을 위해 살지만
나는 나만이 괜히 수억만 리 타국에서
낯설고 물설고 말이 통하지 않는 곳에서
사람이 진리로 나길 바라고
진리를 가르치고 있구나
안 가지면 다 가지는 이치를 가르치구나
나가 있을 곳이 세상에는 없구나
나가 거처할 곳이 없어라
이곳저곳을 나는 떠돌며
참 이치를 가르치고 있구나

실상

허망된 망념의 마음이 없으면
실만 남아라

천지는
허망된 망념 가진 자는
죽음이 있고
참인 실 가진 자는
천지의 죽음이 없는 것이라

천지를 살리고 죽이는 것도
사람의 마음 따라 살고 죽는다

참 안 가진 자는 천지가 죽어 있고
참 가진 자는 천지가 살아 있다

인연으로 와서 인연 따라 살다
인연으로 가나

참의 나라는
모두가 하나인 나라라

살아 천국 난 자는
하나인 진리인 완전한 나라
몸 없어져도 그냥 산다
이 몸이 완전한 실로 다시 나 사는 자는
실의 나라 사는 것이라
몸이 없어져도
실인 영혼이 실이라
그대로 산다

완전한 나라는
그 집착인 마음이 없어
죄업이 없어
죄인이 아니라
죄인처럼 갇히지 않아서
모두가 진리와 하나라
그 진리 자체라
죽음이 없고
개체와 전체가 하나이고

개체 속 전체가
전체 속 개체가
일체의 만물만상이 하나라
그곳은 실만 있는 나라라
그곳은 참만 있는 나라라

조건

세상은 돌고 돌아
세상이 바뀐다
세상이 돌아가는 것은
조건에 의하여 돌아가고 있으나
그것은 변하는 것이라
수만 가지의 변화도
하나의 조건이라
조건이란 원인 그 자체라

일체가 하나이어라

푸른 하늘에 실어 보내는 내 마음
나가 없고
천지는 하늘 되어보니
모두가 하나이어라
천지는 한몸이어라
천지의 만상이 죽음이 없어라
그냥 살고
그냥 있구나
자유고 해탈이라

신의 사이클

사람의 의식이
사람의 마음이
신으로 화하려면
사람인 자기가
일체가 없는 자가
신이 응하여
신 자체로 다시 난다
사이클이 맞으려면
일체가 없고 그 자체만 있을 때
나의 사이클이 맞아
신으로 거듭나고
신 된 자만 신 나라 산다

사람이 신이라 영생천국 산다

나의 마음이 없고
신의 마음이 되니
천지의 일체인 대자연 자체가 나라
그 자체는 빛의 나라인 살아 있는 나라라
영원불멸의 에너지 그 자체라
그 자체가 된 나는 영원히 사는 것이라
대자연도 그 자체라 영원히 사는 것이라
이곳이 천국이라
전체가 개체 속에 있을 때
개체가 사는 것이라
만상은 모두가 살아 있으나
사람이 죽어 있는 것은
자기의 집착인 그 마음 가져서라
그 마음이 없으면 자유고 해탈이라
그 마음이 없으면 영생이고 천국이라
원래의 신은 살아 있고
원래의 신은 생명이라

그 신이 된 자가 사는 것이라
개체 속 전체가 있어
개체가 신이라
개체가 전체이고
전체가 개체라
신의 마음은 그 마음이 없어라
신의 마음은 그 마음은 그냥 있고
끊어진 마음이라
이 마음은 변하지 않고
이 마음은 영원불변이라
이 마음 가진 자가 하늘나라 난 자고
이 마음 가진 자가 천국나라에 난 자라
이 나라가 살아 있어 빛의 나라라
빛이란 생명이라
빛이란 살아 있어 빛이라
일체의 부족함이 없어
영생불멸의 나라가 나 속 있고
나는 그 나라의 주인이 된다

이 세상은 있고 없고가 하나이라
동전의 한 면에는 그림이 있고

동전의 한 면에는 그림이 없는 것이나
동전은 동전이라
유정의 그림이 삼라만상이라
그 삼라만상이 다 살아 있는 나라라
그곳이 신의 나라라
신의 나라는 죽음이 없고
일체가 신의 화신이라
사는 것이라
이 땅과 하늘이 달리 있음이 아니라
이 땅이 천국이 될 때
천국도 있는 것이라
이 말은 천국이 있어도 사람이 없으면
천국은 의미가 없어라
사람이 사는 때가 지금의 때라
이 세상에 누구나 한 번 왔다 가지만
어떤 이는 천국 나고 영원히 사나
어떤 이는 죽어서 되겠는가
사람들아 회개하자
사람들아 참회하자
사람들아 죄사함하자
자유와 빛의 영생불사의 나라에

근심 걱정 없이 살자
이 땅이 천극락이 되면
나보다 남을 위해 살고
우리 자체가 하나가 되어 살지
우리 자체가 모두라
모두가 하나인 나라
하나인 마음으로 사니
순리의 삶인 대자연의 심이라
하는 일이 모두가 순리라
나보다 남을 위해 사니
세상이 살기 좋은 세상이라
이 몸이 없어져도
그 나라 그대로 신인 영혼이 사는 것이라
삶과 죽음이 없고
하나인 나라에 영원불사하는 것이라

그냥 살구나

그냥 있지
그냥 살지
모두가 살고 있지
모두가 하나인 진리라
모두가 살아 있고
모두가 근심 걱정 벗고
살구나

참마음 아는 것 되는 것

신을 아는 것은
신 된 자만이 알 수가 있는 것이다
마음도 참마음 가진 자가 알 수가 있는 것이다

사람의 마음은 망념으로 된 것이다
그 망념이 자기의 모양이고
그 모양의 꼴값을 하고 사는 것이다
그 망념이 자범죄라
그 망념 가진 몸 자체가 원죄라
그것을 닦는 것이 마음수련이다

그것 닦고 참마음인
무한대의 우주 자체의 마음을 가진 자가
마음의 참뜻도 알고 신을 볼 수도 있고 또 신이 된 자라
거짓의 마음 다 버리고
참인 신만 남아 신으로 다시 나
영생불멸의 나라에서 사는 것이다

믿음이란

믿음이란 일반적으로
어떤 대상을 믿는 믿음이고
자기 속의 가진 것을 믿는 것이
참 믿음이다
대상을 그냥 믿는 것은
자기의 망념의 상을 믿는 것이고
자기 속의 있는 것을 믿는 것은
자기의 마음이 믿어 믿는 것이라
이것이 참 믿음이다
진리를 믿는 것도
막연한 진리를 믿는 것은
자기가 가진 관념 관습의 진리를 믿는 것이라
망념이 망념의 진리를 믿는 것이라
진리가 나 속 있는 것을 믿는 것은
참의 진리를 가진 자가 그 마음이 믿어
믿음이란 그 마음이 믿어야 참이라

나의 마음이 참일 때
참인 진리가 있음 믿는 것이 참 믿음이라
성경에 보면 마음으로 믿어
입으로 대답한다는 뜻은
자기의 마음속에 진리이신
예수님이 계심을 자기가 인정하여
"계시구나" 입으로 대답한다는 뜻이라
깨친다는 뜻이고 회개의 기도의 응답이라

세상 너머의 세상

세상 너머의 세상은 완성된 세상이요
세상 너머의 세상은 살아 있는 세상이요
세상 너머의 세상은 그대로의 세상이요
세상 너머의 세상은 스스로의 세상이요
세상 너머의 세상은 순리의 세상이요
세상 너머의 세상은 하나인 세상이요
세상 너머의 세상은 영원불변의 세상이요
세상 너머의 세상은 하나님 부처님의 나라요
세상 너머의 세상은 죽어봐야 저승을 알아진 세계다
세상 너머의 세상은 천극락의 세상이다

초종교란

종교 너머의 종교가 아닌
종교를 넘은 것이 초종교라
사람들은 흔히들 나에게 묻기를
마음수련회가 종교가 아니냐고 묻는다
종교란 가르침을 따르는 것이라
기독교는 예수의 말씀을 가르치고
불교는 석가의 말씀을 가르친다
마음수련회는 그 마음을 닦아
자기 속 있는 진리를 찾아
진리로 다시 나게 하는 것이라

마음 닦는 것이 죄사함의 기도요
죄가 없는 자는 신으로 다시 나서 사니
자기가 신 자체이고 신의 아들이 되기에
그 신은 경 자체이고 진리 자체라

그 말씀이 진리이고 참이라

진리가 된 자라
종교 너머의 세상에 간 자라
마음을 닦고 죄사함한 자가
종교 너머의 세상에 간 자라
신 된 자만 사는 세상에 살아
그 신은 종교가 없고
사는 삶이 진리고 자유고 해탈 자체라

종교로부터 벗어난 세계가 초종교라
자기가 없어 진리가 되었고
진리가 된 자는 진리의 삶을 사는 것이라

세상살이의 완전 대안

사람의 의식이 죽은 자는
자기의 관념 관습 속 살아서라
자기의 입장에서 말하고 행하니
그 마음은 자기의 경험에서 있고
참이 아닌 망념에서의 앎이 참의 행세하고 살아가니
그것이 보고 행하는 것은 자기의 입장일 따름이라
자기 없고 우주의 가장 높고 가장 넓고
가장 큰 살아 있는 신의 의식으로 된 자가
참으로 말하고 행하여 그 대안도 참이 행하니
참은 진리라

빈번한 바꿈이 없는
완전한 대안을 제시할 수 있다
이 완전한 신의 입장으로 한 대안은
영원불변이라
종교, 철학, 사상, 정치, 경제, 학문, 사회, 생활 일체가
큰 의식에서 보고 판단한 것은

완전한 대안이라
사람이 편히 살 수가 있다
완전한 신이라 완전한
대안을 제시할 수 있다

인류의 마지막 대안

사람이
종교, 사상, 철학, 정치, 경제, 사회 생활의
일체를 넘어서
완전한 대안이 나와야 한다
완전한 대안은
모두가 하나가 되고
하나로 살고 나와 남이 하나로 사는
정신이 하나인 진리로 나는 것이다

천지창조

천지 자체의 신명이
사람 속 있을 때 그것도 마음이라고 한다
사람의 마음을 신명과 하나가 되게 한 것이
신명의 창조라
그 마음에 집착으로 자기가 갇혀
사는 것이 죄인의 삶이라
감옥에 갇힌 자라
죄사함을 하고 죄가 없으면
감옥에서 풀려나듯이
죄 없는 자는 자유라 해탈이라
삶과 죽음마저 없고 그냥 사니
그냥 산다는 것은 그 자체로 사니
항시 여여한 마음에 살고
살아 있되 삶 속에 없고
살아 있다는 마음조차 없어
그냥 삶을 산다
하는 행 일체가

그 마음이 없고 그냥 사니
참자비 참사랑 참인인
순리의 삶 산다
인생을 자기가 있어
그 삶이 아닌 죽음의 삶 살고
죽어 있고 지옥에 갇혀 산다

마음이란

자기 속에 갇힌 자는
갇힌 자기 속 그 마음으로 산다
사람은 몸이 주인인 줄 알고 사나
그 몸을 움직이고 행동하는 것이
그 마음에서 하는 것이라

그 마음에 마귀와 귀신을 넣어 사는 자는
그 망념의 생각을 하고
행하는 것이라
사람의 마음이 있어 생각이 수만 가지라
한 가지 사실을 보고도
그 마음에서 일어나는 것은
사람마다 다른 것이라

그 마음은 자기의 모양에서
살아온 삶에서 생긴 것이고
그 모양이 자기의 마음이라

마음을 닦는다는 것은
자기라고 하는 망념의 집착의
마음을 닦아야 하는 것이라

자기의 생각이 나오기 이전 자리인
집착인 자기의 환경에서 가진
기억된 산 삶을 버리고
마귀의 집으로 살았던 마귀 집인
몸을 없애고
그 의식인 마음을 하나님 부처님과 하나 되게
가장 높고 가장 넓고 가장 크게
나가 없고
하나님 부처님 자체로 되돌아가서
다시 나는 마음이 신의 마음이고
하나님 부처님의 마음이라
하나님 부처님은 신이라
신이란 진리라
영원불멸의 에너지 자체라
그 에너지 자체로 되돌아가서
그 에너지로 다시 난 자가 영생하고
자기 속에 그 에너지와 우주 자체의

가장 크고 가장 높고 가장 넓은 세계인
무한대 우주를 자기 속 가지고 있어
망념된 자기는 없고
참인 진리만 자기 속 있어
그 자체가 영생이고 천국이라

사람들아
참마음 가진 자가 마음이 부자라
부족할 것이 없는 것이라
그 진리인 에너지 자체가 된 자는
그 자체라 궁금하고 의문의심이 없고
일체가 끊어진 공한 마음을
가지고 사는 것이라

신 된 그 마음은
이것이다 저것이다의 시비가 없고
일체를 수용하여 부딪침이 없고
그냥 살고 그대로 있다
나 아닌 남을 위해 살고
남을 위해 사는 삶이
큰 마음에서 볼 때

그 자체가 자기를 위하는 것이고
자기의 삶이라
자기 속에 살지 않고
전체를 위하여 삶 살아가니
남을 위하여 살아가니
이것이 인류의 마지막
하나가 되는 대안이라

인류는 자기 탓인 줄 알고
자기 없애는 버리는 마음공부하여
모두가 하나로 살자

마음이 가장 크고 가장 높고 가장 넓은 것이 신이고 하느님 부처님이다

사람의 마음은
자기도 모르게 자기중심적이고
자기에 묶여 산다
신이란 전지전능한 것이 신이라
전지는 우주의 마음인 신이고
전능은 우주의 몸이다
만상의 형상은 우주인 신의 형상이라
신의 자리는 사람이 보지 못해 없는 것 같으나
그 없다고 하는 것이 있어
있음으로 모두가 나타난 것이다
그것은 조건에서 이것이 있어야 저것이 있는 이치가
전능한 우주의 몸이 한 것이라
신은 우주에 아니 계시는 곳 없이
빛으로 그냥 존재하는 것이라

빛이라고 하는 것은

그것이 생명이고 그것이 살아 있고
그것이 살리고 그것이 영생천국이라
만상의 삶도 그 자체로 만상이 사니
빛이라고 하는 것이라
마음속에 그 빛 가진 자는
마음이 없다고 이야기를 안 하고
마음이 있다고 한다
우물 속에서 하늘 보면 하늘은 없는 것이고
밖에 나와 하늘을 보면 하늘이 있듯이
자기 속에 가장 크고 가장 넓고 가장 높은
무한대의 우주 이전의 자리인 신이 되면
우주의 몸 마음을 볼 수가 있고 될 수가 있다
그 자체가 빛이라
밝게 볼 수가 있는 것이라
그 자체가 만상의 주인이요
그 자체가 만상의 어버이라
그 자체로 사람이 나지 않고는
영원히 사는 방법이 없는 것이라
만고의 진리는
우주 이전의 우주를 창조하신 신이라
우주에는 오로지 신만이 있고

그 일신이 진리라
진리가 되지 않고는 살 자가 없다
가장 넓고 가장 크고 가장 높은 그 자체의 신이 될 때
전지전능의 참뜻을 알 수가 있다
전지는 우주의 참의 뜻을 아는 것이라
신인 진리의 이치를 아는 것이라
이 세상의 만상은 모두가 없어지나
대영혼이신 우주 이전의 창조주는 영원불멸의 에너지라
그 자체가 되지 않고는 살 자가 없는 것이라

세상의 이치를 안다는 것은
일체를 바로 보고 바로 아는 것이다
보는 대로 있는 대로가 진리요
그 망념이 있으면 진리가 보이지 않고
망념의 상 그린다
세상의 이치는 그냥 하나라
일체가 살아 있음 아는 자가 산 자라
산 자는 지혜자라
전지한 자라
그 신이 살아 신의 삶은
마음이 없고 진리인 행 하니 말과 행이 하나라

사람도 자기의 관념과 관습에 매인 자는
그 속에 살아 그 관념 관습의 행 한다
마음을 넓혀 참인 진리의 행 하고
모두가 살자

진리의 소리

사람이 어디서 와서
왜 살고
어디로 가는지
수많은 세월 속에
수많은 사람들이 살다가 갔지만
명확한 해답을 준 자가 없다
그 해답이 있다고 한들
가게 할 자도 방법도 없다
사람이 완전하려면
전지전능한 신이 되지 않고는
이 문제는 알 자가 없다
신이란 이 우주의 무한대 그 자체가
일신이고 그 자체가 몸 마음이 있어
그 자체의 신의 의식으로 나지 않으면
알 자가 없는 것이라
자기가 죽어 하느님 나라 부처님 나라에
전체의 주인이 되지 않고는

알 자가 없는 것이다
신의 입장이 되어봐야 우주의 일체가 풀리고
알 수가 있는 것이라
신이란 영원불변한 진리고
진리란 살아 있는 것이 진리라
진리란 알파 이전이고 오메가 이후라
진리란 그대로 그냥 있는 것이 진리라
새 하늘 새 땅도 신의 나라이어서
그대로 있었던 나라다
사람도 사람의 의식이
신만큼 높고 신만큼 넓고 클 때
신의 나라인 그 나라를 가지니
그것이 새 하늘 새 땅인 것이라
사람 속에 없던 것을 가져서라
사람의 마음이 신 되게
하늘은 만든 것이라
그것이 사람을 신을 닮게 만든 것이라
사람도 그 허공에 일신 자체라
신의 자식이라
신과 하나이고 그 신 자체라
사는 것이 사람의 삶이라

어디서 왔고 왜 사느냐
어디로 가느냐는
그냥 있고 그냥 살고 가고 오고가 없으나
있음이 나라
살아야 일체가 있고
일체는 사람이 없으면
의미가 없는 것이라
사람의 뜻에 천지만물이 있는 것이라
있다 없다의 일체는 사람만이 알고
사람만이 그것을 이해하니
사람이 살지 않으면
천지가 있어도 의미가 없는 것이다
인간이 주인으로 다시 나고
그 나라의 삶 살아 죽지 않고
영원불사하고 하나로 사는 나라라
이 땅에서 살아서 이루어져야
저 세상이 이 세상이라 그대로 있는 것이라
자기의 공은 실상세계에 그냥 있는 것이라

하늘은 하늘이 되어야 볼 수 있고
하늘 뜻 안다

맑되 맑은 푸른 하늘
하늘은 높고 푸르구나
이 세상의 모든 것은 그렇게 보이누나
나가 알고 나가 보는 만큼 보구나
사람도 천지도 그 자체라
하늘의 이치임을 사람이 모른다

구름이 있어 하늘이 보이지 않듯
나가 있어 하늘이 보이지 않구나
하늘을 보는 자는 그 마음이 없는 자가
하늘을 볼 수가 있다
하늘에 살아 있는 그 생명체가 하나님 부처님이라
만상 이전이 하늘이고 만상 이전의 하늘의 참모습이
하나님 부처님의 모습이라

그 하늘 수만 가지의 구름이 있어도

하늘은 그냥 있듯이
이 세상의 수만 가지의 형상이
있어도 하늘의 원래는 그냥 있는 것이라
사람은 자기의 마음이 있어
참인 하늘 못 보고 하늘의 뜻 모른다
그 하늘 된 자만 하늘의 뜻 알고
하늘의 행 하고 사는 것이라
이 천지가 난 곳도 이 천지가 갈 곳도
그 하늘이고 그 하늘 가운데
완전 세상이 천극락이고
진리만이 살고 진리만이 있는 나라라
그 나라는 살아서 가야 갈 수가 있고
살아서 그 하늘과 하나가 된 자만 갈 수가 있고
그 자체인 자만 갈 수가 있는 것이다

그 하늘의 생명의 책에 기록된 자만 살 수가 있고
자기의 마음속에 하늘의 신으로 바뀌어
하늘의 신 된 자는
자기의 마음속 하나님이
하나님이 계심을 믿고 살아 있음을
입으로 대답하는 것이라

도장도 하늘의 하나인 도장을 맡은 자만이
살 수가 있다
하나님도 자기가 없고 죽고 넘어간 자가
그 하나님의 자식으로 다시 나고
그 자체라 영생하는 것이라
천국도 사람의 마음속에 가진 자가
그 천국을 가져 살 수가 있는 것이라
사람의 마음이 신인 완전함 자체만이
살 수가 있고 신 나라 다시 나 산다
신이란 전지전능하나
그 자체는 순리이고 그 마음조차 없다
하늘 참뜻을 아는 자는 모두 다가
하늘만한 마음 가진 자라
자기 속에 하늘 가져 참의 뜻을 안다
가장 지고하고 가장 크고 가장 넓고 완전하여 부족함이 없고
스스로 존재하고 그대로 존재하고
그냥 사는 것이 하늘의 뜻이라
또 하늘이어라
하늘은 사람의 맑지 못한 마음으로
하늘은 사람의 더러운 마음으로
보이지도 들리지도 않는다

그 하늘 된 자는 하늘의 소리가
잘 들리고 하늘의 뜻으로 살아
그 하늘의 행에 만상만물임 알고
그 자체가 살아 있음 알고
만고불변의 에너지 자체라
그 마음인 영혼의 불변을 아는 것이라

사람의 지혜가 없는 것은
하늘을 자기 속에 가지지 못하여
지혜가 없는 것이라
하늘의 그 정신 가진 자가 지혜자라
하늘의 신으로 난 자가 지혜자라
지혜는 신만이 가지고 있고
지혜는 신 자체가 지혜라
만고의 진리가 무한대 하늘의 몸과 마음이듯이
사람이 그 몸 마음으로 다시 난 자는
하늘 자체의 신이라
영원불변의 에너지 자체라
그 자체가 진리이라 영원히 사는 것이라
원래 주인인 그 원래 몸 마음은
진리 자체라 죽음이 없다

영원불변의 정신 하늘 몸 마음 가진 자라
영원 영원히 사는 것이라
만상의 일체는 영원불변의 에너지이고 빛인 신으로 나타나서
그 형상은 없어져도
그 형상인 에너지와 빛인 신은 사는 것이라
그것이 완성된 나라라
진리의 근원이 만상의 형체라
그 형체가 완전하여 사는 것이라
그 집착에 갇힌 자는 죽고 말고
회개하여 자기 속에 참인 에너지와
빛이신 신으로 화한 자는 천복 가진 자라

원래인 세상은 깨쳐 있으나
사람은 깨친 자가 없었구나

깨친다는 것은
자기의 의식이 깨쳐진 세상과 같을 때 깨침이라
자기의 틀 속에 갇혀 살아
사람은 틀 벗는 방법이 없으면
깨침이 안 된다
세상은 원래 완전한 신 자체이고
전체인 세상은 이미 깨쳐 있어
완전한 그 자체이라
사람이 자기의 무덤 속 갇혀
사람이 자기의 감옥 속 갇혀
깨쳐진 나라를 모르고
깨쳐진 천국을 모르고
깨쳐진 극락을 모르고
깨쳐진 실상세계를 모르고 있다
실상세계로 가는 길은
자기의 죄업을 벗고

참의 세상에 가는 것이라
깨친 나라 가는 것이라
신의 나라이고 진리의 나라이고
실상세계이고 하나인 나라이고
완전한 나라는 원래 그냥 있었으나
깨친 자가 없는 것은
자기의 마음이 완전한 무한대의
가장 높고 가장 낮고 가장 넓고 큰
진리가 되지 못해서고
진리로 나지 못해서라
깨쳐보면 깨친 자가 없음을 알 수 있다

참 믿음

믿음이란 자기의 확신이라
믿음이란 자기의 마음에 확신이 서는 자가 참 믿음이라
자기 마음이 믿어야 참 믿음이라
믿음은 하나가 되는 것이라

수용이 가장 위대하다

수용 자체가 가장 위대한 것은
일체를 다 품고 있으니 시비가 없어라
그 품고 있는 것은 그것이 깨어나기 위해서라
깨어난다는 것은
그것이 알 때까지 시비하여 깨침이 아닌
그것이 알 때까지 시비하되 시비함이 없는
나가 없는 마음으로 하니 수용하는 것이라
그 자체의 협소한 마음을 품어주니 대자대비라
대정이라 대사랑이라
삶의 지혜도 이것이 순리라
순리의 삶이 수용이라
완전하여 이것저것에 속함이 없고
이것저것이 일체인 하나라
그것을 그것으로 보고 사니
가르치되 그 가르침에 속하지 않고
그냥 하니 수용이라

우리나라란

우리나라는 하나인 나라라
하나가 된 자가 우리나라 산다
이 세상 너머의 나라가 우리나라라
이 세상 너머에 우리나라가 있고
그 나라 사는 자가 완성된 자라

후기

이 글을 쓴 까닭은 공부를 열심히 한 자의 정리를 위해서다. 사업도 자기가 안 된 것에 마음을 두는 자는 발전이 없듯이 산 자를 만드는 것이 나의 뜻이라.

나는 완전한 인간 완성을 만들기 위해 지금까지 노력해 왔다. 곰인 자들이 완성을 이룬 것 같다. 쓴 약이 효과가 있듯 인고가 진리를 낳았던 것 같다.

나의 바람은 모든 사람이 참 회개를 하여 모두가 완전한 완성된 사람이 되었으면 한다.

4장 부록

신과 존재 그리고 진리에 관한 대화

우 명 선생과 조 거티스 목사의 특별대담

마음, 진리, 마음수련에 관한 문답

마음수련 과정 안내

[특별대담]

진리와 우주에 관한
우 명 선생과 조 거티스 목사와의 대화

Joe 원죄란 무엇인가?

우명 선악을 분별하고부터가 원죄의 시작이다. 선악이 있다고 하니 선악이 있는 것이다. 동물 중 사람만이 선악을 구분한다. 선악을 구분 짓는 생각이 원죄다.

Joe 내가 마음수련을 하는 이유는 마음의 평화를 얻기 위해서다. 영원한 평화를 얻기 위해서다. 마음수련을 통해 그것이 가능함을 확신한다.

우명 하나님이 어디에 계신지 아는가?

Joe 어디에나 있다.

우명 봤는가? 마음이 깨끗해지면 당신도 볼 수 있다.

우 명 선생과 미국인 목사 조 거티스(Joe Gattis)씨와의 특별대담을 수록한다. 이 대담은 2003년 부활절을 앞두고 우주와 진리, 죽음과 부활의 참된 의미를 살펴보기 위해 마련되었다. 조 거티스 목사는 27년간 미국에서 목회 활동을 해온 성직자이며, 대담이 진행될 당시 마음수련을 시작했다. 대담은 조지아주 애틀랜타에서 진행되었으며, 그 내용은 월간<마음수련> 2003년 4월호에 게재되었다.

Joe 형상으로는 볼 수 없다.

우명 나는 하나님이 잘 보인다. 여기 있는 사람들도 모두 다 잘 보인다.

Joe 마음공부는 꿈에서 깨는 것이라고 알고 있다. 나는 아직 잠을 자고 있다. 꿈에서 못 깨고 있다.

우명 인간 완성은 신이 되지 않고는 안 된다.

Joe 진리는 어디에서부터 왔나?

우명 진리는 그냥 있었다. 알파 이전에도 있었고 오메가 이후에도 있다. 진리 그 자체가 하나님인 것이다. 빅뱅과 팽창 논리는 맞지 않다. 폭발해서 커진 것은 아니다.

Joe 나는 빅뱅 이전에 신이 있었고 신이 우주를 창조했다고 생각한다. 빅뱅도 신의 몸짓이라고 생각한다.

우명 원래 신은, 무한대 우주는 그대로 있었다. 빅뱅으로 형성되고 커지는 것이 아니다.

Joe 나는 어릴 적부터 진리에 다다르기 위해 기독교 등 다양한 것들을 추구해 왔다. 이 마음수련의 방법이 분명히 좋은 점은 가장 짧은 시간에 가장 효과적으로 도달할 수 있다는 점이다. 진리[Truth], 천국[Heaven], 허공[Emptiness]을 하나로 생각해도 되는가?

우명 그 자체로 하나다.

Joe 죽어서 천국에 나서 사는 것은 알았지만 살아서 죽어야

이 땅이 천국이 된다는 것은 말씀을 듣고서야 이제 알았다. 이 몸이 죽어도 사는 것인가?

우명 영혼이 사는 것이다. 예수를 맞이하려면 예수의 마음이 되지 않고는 그렇게 할 수 없다. 예수의 마음과 같아져야 예수가 되는 것이다. 이 세상에 죄는 하나밖에 없다. 예수를 믿지 않고 예수가 되지 않는 것밖에 없다. 예수가 완성을 이룬 것은 십자가에 죽음으로써 신과 하나가 된 것인데, 사실은 살아서 죽어야 완성이 이루어진다. 예수는 진리를 위해 죽었기에 완성되었다. 지금은 모두가 신으로 거듭나서 살 수 있는 때이다.

Joe 성경에도 나와 있다. '모든 죄는 용서받을 수 있으나 용서받지 못할 죄가 바로 그것이다'라고. 성경에는 제자가 예수에게 '이교도는 우리와 적이냐 동료냐'를 물어보았을 때 예수는 '우리의 가르침과 같은 내용이면 적이 아니다'라고 했다.

우명 지금은 모두가 예수가 되는 시대이다. 현대 기독교의 문제는 두 가지가 있다. 첫째 이천 년 전의 예수를 믿고 참 예수를 믿지 않는 것이다. 둘째 참 회개를 하지 않고 있다. 회개를 해야 하나님의 음성을 들을 수 있다. 참 회개가 곧 죄사함이다. 참 예수를 믿으면 살아서 천국에 나서 천국 삶, 영원한 삶을 산다. 예수, 석가는 참 예수를 '이야기'했고, 이제는 참 예수가 '되는' 시대이다.

Joe 구세주는 무엇인가?

우명 구세주는 죄사함을 하는 것이 구세주다. 마음 닦는 것은 이 죄사함을 하는 공부이다.

Joe 이천 년 전의 예수가 그 모습 그대로 재림하는가?

우명 아니다. 예수는 재림하는 것이 아니고 예로부터 그대로 있었다. 단지 사람이 죄사함을 못하여 자기 마음으로 예수를 가리고 있다. 마음을 닦아 죄사함을 하면 예수와 하나 되고 그것이 구원이다. 자기 마음에서 죄사함을 하면 하나님이 자기 속에서 모두 다 응답을 해주신다. 내 마음 속의 하나님을 믿어야 하고, 죄사함을 하면 하나 되는 세상이 다 이루어지게 되어 있다. 예수님 자체가 되지 않고는 천국에 날 수가 없다.

Joe 예수님을 믿는가?

우명 어떤 예수님을 말하는가?

Joe 십자가에 돌아가신 예수님….

우명 믿는다. 그러나 아브라함 이전에도 있었던 예수를 믿는다. 문제는, 첫째 사람들이 이천 년 전에 죽은 예수를 믿고 있는 것이다. 참 예수를 믿고 있지 않다. 둘째는 사람들이 참 회개를 하지 않고 있다. 이것만 바르게 하면 세계가 하나가 된다. 충분히 대답이 됐는가.

Joe 그렇다.

우명 참 예수를 믿어야 함이 강조되어야 한다. 형상으로의 예수가 아닌 참 예수가 진리다.

Joe 예수님이 하나님의 아들이었는가?

우명 그렇다. 하나님을 위해서 다 바치면 하나님의 아들이 된다. 교회에서 기도할 때 '하나님 아버지'라고 하지 않는가. 당신 또한 하나님의 자식이다.

Joe 당신이 믿는 하나님(신)은 무엇인가?

우명 하나님은 내 안에 계시고 하나님은 우주 전체이시고 하나님이 아닌 것이 아무것도 없고 있는 일체 모든 것은 하나님이면서 동시에 하나님의 아들이다. 그리고 신은 무한대 우주이고 무한대 우주 이전, 우주라는 낱말 이전의 우주이다. 이 세상의 우주에서 태양, 별, 지구, 천지만물이 나온 것은 어떤 형체의 존재가 난 것이 아니고 무한대 우주에서 난 것이다.

Joe 진리는 무엇인가?

우명 무한대 우주가 진리다. 진리의 원래는 이름하여 신이라고도 하고 붓다, 알라 등 일체가 진리이다. 본마음, 본성이 진리다.

Joe 만약 우주가 진공, 무(無)라면 진리 또한 무가 아닌가?

우명 무한대 우주가 있는 것인가, 없는 것인가?

Joe 있다.

우명 그 있는 자체가 일체다. 우주는, 원래의 신의 자리는 아무것도 없지만 우리의 몸과 마음이 있지 않은가. 기독교에서는 몸을 성령이라 이름하고 신을 성부라고 이름한다. 당신이 이 공부를 해서 그 본성의 마음과 몸을 찾으면 그것이 바로 '너'이다. 몸 마음을 모두 버리면 본래의 몸 마음으로 간다. 그리고 내 정신이 무한대 우주가 되었을 때 그렇게 될 수 있는 것이다.

Joe 어떻게 하면 우주에 닿을 수 있는가?

우명 죄사함을 다하면 된다. 원죄와 자범죄를 깨끗이 닦으면 우주가 된다.

Joe 어떻게 하면 진참회, 참 회개를 할 수 있나?

우명 자기라는 존재를 무한대 우주에 다 바치는 것이 참 회개, 진참회이다. 자기라는 존재는 내 몸 마음밖에 없지 않은가. 그것을 버리면 무한대 우주가 된다.

Joe 부활이 정말로 이루어지나?

우명 자기가 스스로 한번 생각해 보자. 우주의 일체가 없어졌을 때 거기에 무엇이 남는가?

Joe 아무것도 없다.

우명 무한대 우주 그 자체가 남는다. 만약 이 공책이 모두 불타 없어지면 무엇이 남는가, 당신이 없어지면 무엇이 남는

가. 무한대 우주는 그대로 남는가 안 남는가?

Joe 남는다.

우명 그게 누구인가?

Joe 그게 '나'이다.

우명 무한대 우주는 죽나, 안 죽나?

Joe 죽지 않는다.

우명 그게 바로 '너'이다. 그게 바로 부활이다. 이 몸은 죽어도 정신은 무한대 우주로 그대로 남는다. 그것이 부활인 것이다. 무한대 우주라는 것을 믿는가?

Joe 무한대 우주를 가지고 있음을 알겠다. 이런 이야기들은 어디에서도 들은 적이 없다. 업〔karma〕이 실제로 존재하는가?

우명 '죄'가 바로 업이다.

Joe 업이 바로 사람의 생각이 아닌가?

우명 그렇다. 모든 사람이 다 생각이 다른 것은 그 업이 달라서 그런 것이다.

Joe 신은 '사랑'인가?

우명 최고의 사랑이다. 최고의 사랑은 하나가 되는 것이다.

Joe 참사랑이 없으면 하나님의 자식이 될 수 없다고 모든 사람들이 생각한다.

우명 인간의 마음은 참사랑이 아니다. 남을 돕는다는 것도 솔

직히 자기의 마음을 가지고 있는 것이다. 하나님만이 참 사랑을 할 수 있다.

Joe 사랑이나 우주나 진리나 다 같은 것인가?

우명 그렇다.

Joe 육체가 죽으면 어떻게 되나?

우명 우주의 몸 마음을 가진 자는 천국에서 영원히 살고 그렇지 않은 자는 '나'라는 개체의 생각에서 벗어나지 못한다.

Joe 내가 지금 개체에 묶여 살고 있다는 것을 알았다. 마음공부를 하고 천국에 살고 싶다. 죽고 나면 살아생전의 기억은 어떻게 되는가?

우명 죽고 나면 일체 아는 것이 없으나 알려고 하면 모든 것을 알 수 있다. 당신이 기억을 버렸지만 그 기억은 그대로 있지 않나. 다만 기억에 묻어 있는 관념을 버리는 것이다.

Joe 하나님을 보면 내게 어떤 일이 벌어지는가?

우명 하나님을 보면 '나'는 죽는다. 성경에 있는 대로다. 과거의 관념에 묶여 있던 자기는 죽고 신으로서 부활한다.

Joe 우주에서 왔고 공부를 해서 우주로 가게 되는데 어째서 현생이 있는가? 우주가 천국인데 내가 천국에서 온 존재라면 그 천국에 그대로 있지 왜 이 세상에 이 몸으로 왔는가?

우명 그것은 무정으로 의미가 없다. 유정으로 거듭나서 영원히 사는 것, 있는 것을 살리는 것이 이 공부의 의미이다. 있는 만상 일체를 살리는 것이 이 공부의 최고의 목적이다. 우주 자체에서 천지 만상만물은 모두 하나님의 자식이고 하나님 자체이다. 천지 만물만상은 하나님 나라에 원래 그 자체로 완전하게 되어 있다. 그러나 인간은 자기의 원죄, 자범죄에 의해서 의식이 죽어 있다. 그 죄를 사해서 천국에 나고 모든 만물을 신의 뜻에 의해서 살린다. 우주 원래는 '공(空)'이다. 스스로 존재하고 그냥 있다. 사람이 있어서 내가 있고 나무도 있고 아름다운 꽃도 있다.

Joe 태어난 것 자체가 의미 있는 것이라는 생각이 든다.

우명 태어난 것 자체가 의미 있고, 마음을 닦게 된 것이 의미 있는 일이다.

Joe 알고 있다. 우주는 어디 있는가?

우명 우주는 그냥 그대로 여기에 있다. 우주는 스스로 존재하고 있다.

Joe 이 현실 세계가 꿈이라면 참 현실〔reality 본질〕은 어디에 있나?

우명 천국에 있다. 천국은 어딘가?

Joe 여기이다.

우명 그렇다. 천국은 와보면 알게 된다.

Joe 자기 기억을 버린 후에도 그 기억을 가지고 있나.

우명 그렇다.

Joe 공부를 다 마치더라도 감정이 존재하는가.

우명 감정이 있되 그 감정 속에 존재하지 않는다. 행복하되 행복 속에 있지 않고, 번뇌가 없고 그냥 신이 되어 존재한다.

마음, 진리, 마음수련에 관한 문답*

선악이 본래 없는가

선이나 악이라고 하는 것도 사람의 관념에 있는 것이고 본래는 그 선과 악도 없는 것이라. 이것은 선이고 저것은 악이라는 인간이 만든 그 관념에 선악이 있는 것이라.

신의 입장이 되어보면 선악은 없으나 신은 대정(大情)인 큰 사랑이라. 그 규율이 없어도 저절로 남 위해 살고 남을 미워하지 않고 사랑하고 남을 위한 삶 살아 참 선(善)을 행하고 산다.

선이라는 그 마음이 있게 행한 것은 참 선이 아니고 망념(마귀)이 한 것이고 그 망념이 자기 위해 한 것이라. 살인이 악이 아니라고 했었으면 그 살인은 악이 아니다. 사자가 짐승을 매일 잡아먹고도 악인지 선인지를 모르니 그 사자는 선악이 없듯 인간도 선악을 벗어난 자라야 선악이 없다.

---

* 종교인과 학자들의 진리에 관한 질문과 우 명 선생의 답을 정리, 수록한다.

자기 관념인 마음에 선악이 있는 것이라. 신 된 자는 남 위해 삶 살고 선악을 벗은 자라. 자기가 선악을 배운 마음에서 선악이 있는 것이라.

원죄란 무엇인가

원죄란 우리의 조상들이 선이다 악이다 구분 짓고부터 있는 것이라. 선을 따먹고 악을 따먹고부터다. 선이다 악이다를 자기 속에 넣었으니 따먹은 것이다. 그 조상의 몸 받아 태어났으니 나는 원죄인이라. 선악을 속에 넣은 그 조상의 모양이 나라. 나는 원죄 가지고 온 것이라.

천국과 지옥은 어디에 있는가
어떻게 천국을 볼 수 있는가
천국에 산다는 의미는 무엇이며 그 삶은 어떤 것인가

천국과 지옥은 나 속에 있다. 천국도 이 우주요, 지옥도 이 우주다. 천국은 우주 본래의 신이 된 자가 우주의 그 신 자체라 자기 속에 신의 나라인 우주를 가지고 있어 그것이 천국이라. 이 나라는 과거 현재 미래가 없고 다 살아 있는 나라라. 살아서 간 자가 갈 수가 있다.

지옥은 자기의 관념 관습에 묶여 자기의 그 관념 관습으로 사는 삶이다. 이 세상 사는 것도 번뇌망상의 고통이듯 저세상 가서도 그 틀 속에 의식이 죽어서 사니 지옥고를 받는다.

사람의 의식이 우주 무한대 신의 의식인 마음 가진 자는 천국 볼 수가 있고 그 의식으로 다시 난 자는 개체 자체가 완성된 신이라 살아서도 천국 산다.

천국의 삶은 대자유요, 대해탈이고 기쁨도 없지만 기쁨이 극에 달하고 살아 있기에 그냥 살고 대휴를 하고 수억 년이 하루라 지루함이 없고 자유자재인 삶 산다.

업이 과연 있는 것인가

업이란 원죄와 자기가 지은 죄가 업이라. 그 업은 사람마다 가지고 있는 것이라.

우리는 죽으면 어디로 가는가

죽으면 망념 든 자는 그 망념의 환으로 살고 진리가 된 자는 천국에서 영원히 산다.

내 몸이 죽고 나면 어떤 일이 일어나는가

내가 죽고 나면 의식이 깬 자는 살고 의식이 신으로 나지 않은 자는 죽음이라.

내가 죽고 나서 내 인생을 다 기억하고 볼 수 있는가

자기의 집착으로 죽은 자는 그 의식이 죽어 기억이 없으나 진리로 난 자는 의식이 살아 있어 삶 죽음이 없으므로 다 기억하고 볼 수가 있다.

어떻게 우리가 참으로 회개할 수 있는가

회개란 뉘우치는 것이라. 사람은 자기가 잘못한 것이 없는 줄 알고 있으나 가짐의 집착으로 살아왔기에 한 것마다 나 중심의 삶을 살아 하나님 부처님과는 거리가 멀었다. 나를 뒤돌아보고 그 산 삶을 버리고 나를 죽이다 보면 내가 진정 마귀임을 알 수가 있다.

나를 뉘우치고 회개하는 것은 나란 존재는 몸과 마음밖에 없어 그 몸 마음 버려 나란 존재가 없어야 참 회개가 되는 것이라. 회개한 만큼 하나님이 드러나 기도의 응답을 주는 것이라. 나 속의 하나님이 다 죽었다고 인정을 하고 천국 났음을 인정할 때까지 죽어야 한다. 다 이루지 못한 자는 궁금한 것이 자기가 가지고 있는 것 아는 것이라.

왜 내가 스스로 죽여야 하는가

나의 죄는 내가 닦아야 하는 것이라. 나 속에는 하나님이 계시고 하나님이 망념의 나를 죽여주는 것이라. 그 하나님이 마귀를 물리치고 승리할 때 나는 하나님의 자식으로 다시 난다. 내가 나 아닌 하나님의 자식으로 마귀를 물리쳐야 하기에, 밖에서 하는 것이 아닌 나 속에서 승리를 해야 하기에, 내가 죽여야 한다.

지금까지 내가 행한 '선'을 왜 버려야 하는가

내가 선이라고 행한 것은 내 마음이 행하여 그 행함이 마음속에 남아 있으면 참 선이 아니라. 참은 이 우주이고 있는 대로 보는 대로라. 선은 우주의 신만이 선이라. 그 선을 찾기 위해, 선을 했다는 마음은 마귀인 망념이므로 버리라고 하는 것이라.

모든 것을 버려야 한다면 지금까지 내가 지닌 종교적 믿음까지 버려야 하는가

사람들이 지닌 종교적 믿음은 그 종교가 가르치는 참뜻에 있지 않고 그냥 그 속에 빠져서 그 말씀의 참뜻도 모르고 있다. 그 말씀이 마음 비우는 것과 다를 바가 없으니, 그 믿음의 참뜻 아닌 가짐의 집착인 우상화된 믿음을 버려야 신이 나 속 있음 알기에 버리라고 하는 것이다. 버려야 참의 믿음이고 버려야 신을 볼 수가 있고 버려야 신이 된다.

그 망념의 우상화된 일체를 버려야 원래 완전한 신이 나 속에 있음을 아는 것이라.

요한계시록에는 재림예수가 오면 모든 믿음을 없앤다고 되어 있다 지금까지의 모든 믿음과 예언이 부인돼야 하는가

믿음을 없앤다는 것은 우상화된 믿음을 없애고 참인 진리이신 하나님을 믿는다는 것이다. 하나님의 자식으로 다시 나기에 참 하나님을 아는 것이라. 지금의 믿음은 바르지 않아 진리는 하나인데도 종교의 종파가 수만 가지가 있는 것이라.

지금까지 성인들이 말씀하신 것들이 진리라. 회개 참회인 죄사함만 하면 참 믿음을 가져 모두 하나가 될 수 있는 것이라. 그 믿음으로 인하여 진리가 이어져 왔으니 그것을 부정하는 것이 아니고 그때에는 그것이 정상이었으나 지금은 마음 비워 수만 가지가 하나에 귀의하는 때라.

신약은 새로운 약속의 예언이고 그 신약이 이루어지는 때는 모두가 하나 될 때이고 모두가 완성이 될 때이고 지상천국이 건설될 때라. 그 예언의 참 의미는 죄사함 받은 자만 알 수가 있다. 사람이 회개하지 않고 망념인 자기의 생각으로 예언을 바라고 있기에 그 예언의 참뜻 모른다.

만약 성경에서 예언한 재림예수가 온다면 무조건 다 구원하는가

구원이란 진리의 나라에 나는 것이 구원이라. 진리의 나라는 원래 완전하게 되어 있으나 사람이 자기의 죄로 그 죄에 갇혀 있어 죽어 있는 것이라. 그 죄의 사슬에서 벗어난 자가 구원이 되는 것이라. 인간이 자기 죄의 사슬을 벗어던지고 진리의 도장을 받은 자만이 구원이 된다.

생명책에 기록된 자만 구원이 되고 자기 속에 진리가 있음을 입으로 시인하는 자만이 구원이 된다.

양과 염소를 가지고 죄를 심판하고 죄가 가중한 자는 그 죄의 짐 속에 갇혀 죽는다.

구원이 현실인가

살아서 구원을 이루지 못한 자는 구원이 없는 것이라. 나가 죽어 진리이신 하나님의 자식으로 다시 나는 것이 구원이라. 진리라 진리의 나라 사는 것이 구원이라. 살아서 내가 진리이신 하나님의 자식으로 나지 않고 죽으면 죽음이라.

회개하면, 마음 닦으면, 죄사함하면 누구나 천국 갈 수가 있다. 천국은 신인 신의 자식만 갈 수가 있는 것이라. 지금 죄를 사하면 갈 수가 있어 구원은 현실이라.

하나님은 사랑이라는 말과 심판이라는 말은 무엇인가

하나님은 천지만물을 사랑하시고 하나님이 다 기르시고 먹이고 살리신다. 심판이란 인간이 스스로 자기가 지은 죄를 못 벗어 그 죄가 무거운 자는 다 벗지 못하니 심판받는다고 한 것이라. 이것도 사랑으로 벗게 하여 살리려 하나 자기가 자기 속 진리이신 하나님을 믿지 않아 심판을 하는 것이라.

'하나님은 사랑이시다'라는 말은 무엇인가

하나님은 사랑이시다. 하나님은 전지전능하시고 하나님은 사랑 그 자체이셔서 천지에 하나님의 뜻으로 살아가고 있으나 인간이 그 고마움을 모른다. 하나님과 하나가 되어보면 일체가 하나님에 의해 살고 있으니 하나님은 사랑 그 자체인 것이라.

사랑과 진리, 우주는 다 같은 말인가

참사랑은 진리이신 신이 행한 바 없지만 행하는 것이 참사랑이라. 우주라는 낱말 이전의 우주가 우주를 창조했듯이 이것은 같은 뜻이라.

하나님을 봤을 때 어떤 현상이 일어나는가

하나님을 봤을 때 나라는 개체는 죽어버리고 하나님이 나 되어 나가 지혜를 가져 생명의 신임을 안다. 하나님을 아는 것이 지혜의 근본이듯이 일체의 망념으로부터 벗어나 참인 바름의 지혜가 나오고 그 지혜로 영생천국에 나는 것이라.

인간이 하나님이 될 수 있는가

하나님은 원래 계셨고 하나님은 진리 자체시라. 인간은 하나님이 될 수 없고 하나님의 자식으로 다시 날 수가 있는 것이라. 하나님만 나를 진리로 낳아줄 수가 있는 것이라. 나는 원래 계시는 하나님에게 몸 받아 다시 난 하나님이라. 하나님의 자식이라. 하나이나 우리는 절대자 하나님으로부터 다시 난 것이라. 기독교에서 인간이 하나님이 될 수 없다고 하는 말씀은 하나님은 원래도 계셨고 창조주 그 자체이시고 다 이루어놓으셨는데 우리는 하나님의 나라에 다시 난 하나의 피조물이라는 말이라. 나가 다 죽어 하나님으로 다시 난 것이라.

우주는 어디에 있는가

우주는 있는 대로이나 이 우주가 나 속에 있어야 모두가 하나 되는 세상 되고 인간이 바름으로 다시 난다. 우주는 물질인 모든 것 속에 있고 그 자체가 하나이니 우주가 밖에 있는 자는 망념이 찬 자이고 자기 안에 있는 자는 산 자라.

진리란 무엇인가

진리란 참인 우주 이전 자리가 진리라. 진리란 일체 없는 가운데 일신이 있는 것이라. 그것이 진리의 몸과 마음이라. 그것이 정과 신이라. 그 정신으로 다시 난 자가 신의 자식이라. 그 자리가 우주를 창조하였고 우주를 낳았고 그 자리에 천국이 있는 것이라. 그 자체는 만고불변하고 우주에 없는 곳이 없고 우주 그 자체이고 있는 일체도 진리의 입장에서는 완전 나라에 나 있다.

진리는 어떻게 도달하는가

진리는 자기 속의 우주가 진리라. 자기의 죄업을 벗은 자는 진리에 도달할 수가 있다. 자기는 몸과 마음이라. 그것을 벗은 자, 다 버린 자는 진리에 도달할 수가 있다.

우리의 기억들은 왜 지금까지 버려지지 않고 저장돼 있는가

원죄로부터 나서 사람에 따라 그 가짐의 마음이 다르니 그 마음이 기억이라. 그것은 나의 집착이라. 그것이 나의 마음에 남아 있는 것이라. 그 마음에 그 기억이 있는 것이라.

기억을 버리고도 여전히 다 떠올릴 수 있는가

기억된 생각을 버려도 그 기억은 있되 상이 없는 것이라. 그 기억도 필요할 때 나는 것이라.

기억을 버려도 감정을 느낄 수 있는가 행복할 수도 슬퍼할 수도 있는가

기억을 버려도 그 기억 뭉치의 기억이 하는 것이 아닌 감정이 있되 없고 행복도 슬픔도 없으나 있다. 그 행복 슬픔이 우주의 입장에서 그 마음이 하는 것이라. 참이 하는 것이라. 그 속에 있지 않는 것이라.

마음을 닦으면 질병을 치유할 수 있는가 그것은 어떤 원리인가

사람의 마음으로 인해 병이 있는 것이라. 몸과 마음이 하나이라. 그 마음 가진 대로 그 몸의 모양과 행을 하고 사는 것이라. 그 마음을 버리면 병이 없는 완전함으로 되돌아가니 병이 나아지는 것이라.

마음수련 방법을 사용하지 않으면 어떻게 본래 마음을 볼 수 있는가
이 방법이 아니면 볼 수 없는가
그렇다면 왜 그런가

사람의 근기에 따라 그 마음을 가라앉히다 보면 자기의 마음이 없는 자리를 보는 경우가 드물게 있으나 그것은 순간이다. 그 마음을 빼지 못하여 순간인 것이다. 또 기도하다가도 순간 그 마음이 없어지면 성령을 받았다고 하는 수가 있다. 그러나 이것은 순간이고 영구하지가 않다.

마음수련은 마음을 닦아 없애버리니 그 마음이 없고 습마저 없애니 자기 속에 참인 진리가 있는 것이라. 다 죽어 완성이 되는 것이라. 자기를 다 버리는 이 방법 외에는 본래 마음이 나타나지 않는 것이라. 사람 속에 진리인 우주를 담는 것은 개체가 의식과 몸이 없을 때 본래의 마음인 우주가 사람 속에 있는 것이라. 천극락도 사람 속에 있는 것이라. 무한대의 우주를 다 가지는 마음속에 본래인 우주가 있는 것이라.

이 방법을 다른 곳에서도 할 수 있는가

진리가 있는 곳에서 진리를 해야지 진리이지 않은 곳에서 진리를 하면 진리가 안 되고 이루어지기가 힘이 든다. 이곳의 바른 방법으로도 진리에 다다르기가 힘이 드는데 진리 아닌 곳에서 하면 완성인 진리가 되지 못하고 그 과정에서 맴돌다가 그치고 만다.

다른 누군가도 이 진리를 가르칠 수 있는가

진리인 완전한 신으로 난 자는 가르칠 수가 있다. 방법만으로는 이해의 부족과 근기가 없어 하지 못한다.

마음수련이 종교인가

진리의 말씀을 믿고 따르는 것이 종교라. 그러나 사람들이 말하는 종교는 그 말씀에 따르지 않고 우상화된 것을 믿는 것이라.

마음수련은 자기의 마음 닦는 것이고 죄사함하는 것이라. 사람은 자기가 죄지은 줄 모르고 살고 있기에 죄인임을 모른다. 마음수련은 자기의 탓으로 가진 마음과 죄인인 몸 없애는 것이기에 종교가 아니다. 진리가 된 자는 자기가 종교 자체가 된다. 궁극적으로 자기가 없어져서 무한대의 살아 있는 신 자체로 전환하는 것이라. 다 죽은 자는 그렇게 되어 그 신인 진리를 밝게 볼 수가 있기에 진리는 진리라.

그 자리에 간 자 알 수가 있고 그 신 자체라. 모두가 종교 자체가 된다. 종교의 참뜻을 잘 이해할 수가 있다.

사람들이 마음을 닦으면 기존의 종교와 사회 체계도 변화될 수 있는가

마음을 닦으면 모두가 완전한 진리 자체가 되어 그 종교를 이해하고 참을 안다. 사는 것도 순리의 삶을 산다. 나가 없고 남을 위해 사는 삶 살아 너 나가 없고 너의 나라 나의 나라가 없고 모두가 하나 되어 스트레스와 경계가 없고 도둑이 없고 강도가 없고 남을 위해 살아 웃음이 끊이지 않는 편안함의 삶을 산다.

마음수련 과정 안내

www.meditationlife.org | 1588-7245

마음수련 8단계 과정

깨침이란, 기도의 응답이란,
완전한 진리인 신으로 가는 과정에만 있는 것이다

깨침이란 개체의 의식이 깨어져 완전한 전체인 신의 의식으로 갈 때 알아지는 것이다.

이것은 또 기도 응답이라는 말과 같다. 기도 응답이란 개체의 의식이 깨어져 무한하게 크고 높은 전체의식인 진리의 완전함으로 갈 때 있는 것이다. 완전한 진리인 신으로 갈 때 응답을 받게 되는 것이다. 따라서 깨침과 기도 응답은 같다.

1과정	우주임을 아는 과정 기억된 생각 버리기
2과정	마음 없음을 아는 과정 자기의 상과 인연의 상과 자기 버리기
3과정	자기 속 우주 있음을 아는 과정 자기의 몸 버리기
4과정	우주의 정신을 보는 과정 자기의 몸과 우주 버리기
5과정	우주의 정신과 천국을 아는 과정 자기의 몸과 우주 버리기
6과정	나가 없어 우주 자체의 정신이 되는 과정 자기가 없어져 우주 되기
7과정	항상 세상 사는 과정 허상세계인 사진세계와 그 속에 살고 있는 자기 버리기
8과정	세상 일 하는 과정

※ 1과정~8과정까지 공히 나 속의 진리로부터 깨쳐 확인을 받아야 한다.